Okusi Azije 2023

Kuharica koja će vas odvesti na kulinarsko putovanje kroz azijsku kuhinju

Marino Perić

Sadržaj

Piletina sa slaninom *10*
Čips od piletine i banane *11*
Piletina s đumbirom i gljivama *12*
piletina i šunka *14*
Pileća jetrica na žaru *15*
Kuglice od rakova s vodenim kestenom *16*
dim sum *17*
Rolice od šunke i piletine *18*
Twist od pečene šunke *19*
Umjetno dimljena riba *20*
punjene gljive *22*
Gljive s umakom od kamenica *23*
Rolice od svinjetine i salate *24*
Ćufte od svinjetine i kestena *26*
svinjske lepinje *27*
Kozice s umakom od ličija *29*
Pržene kozice s mandarinama *31*
Kozice s mangetoutom *32*
Škampi s kineskim gljivama *34*
Kozice i grašak propirjajte *34*
Kozice s ajvarom od manga *35*
Kamerun do Pekinga *38*
Kozice s paprikom *39*
Prženi škampi sa svinjetinom *40*
Pržene kozice sa sherry umakom *42*
Pržene kozice sa sezamom *44*
Škampi prženi u ljusci *45*
prženi škampi *45*
Tempura od kozica *47*
Guma *48*
Kozice s tofuom *50*
Kozice s rajčicama *51*
Kozice s umakom od rajčice *52*

Škampi s rajčicama i chile umakom 53
Prženi škampi s umakom od rajčice 54
Kozice s povrćem 56
Kozice s vodenim kestenima 57
škampi wontons 57
Abalone s piletinom 58
abalone sa šparogama 59
Abalone s gljivama 62
Abalone s umakom od kamenica 62
plodovi mora kuhani na pari 63
Sendvič s klicama graha 65
Sendvič s đumbirom i češnjakom 66
pržene školjke 67
kolači od rakova 68
krema od rakova 69
Kinesko napuhano meso rakova 70
Foo Yung rak s klicama graha 71
Rakovica s đumbirom 72
Rak Lo Mein 73
Prženi rak sa svinjetinom 74
Pohano meso rakova 75
pržene okruglice od lignji 75
kantonski jastog 76
prženi jastog 78
Jastog kuhan na pari sa šunkom 79
Jastog s gljivama 80
Repovi jastoga sa svinjetinom 81
prženi jastog 83
gnijezdo jastoga 84
Dagnje u umaku od crnog graha 85
Dagnje s đumbirom 85
dagnje kuhane na pari 87
pržene kamenice 87
kamenice sa slaninom 88
Pržene kamenice s đumbirom 89
Kamenice s umakom od crnog graha 90

Jakobove kapice s mladicama bambusa 91
jakobove kapice s jajetom 93
jakobove kapice s brokulom 94
Jakobove kapice s đumbirom 95
Jakobove kapice sa šunkom 96
Kajgana s jakobovim kapicama i začinskim biljem 97
Jakobove kapice i prženi luk 98
Jakobove kapice s povrćem 99
Jakobove kapice s paprikom 102
Lignje s klicama graha 103
pržene lignje 104
paketići lignji 104
pržene rolice od lignji 106
Pržene lignje 109
Lignje sa suhim gljivama 110
Lignje s povrćem 110
Kuhano meso s anisom 111
Teletina sa šparogama 113
Meso s mladicama bambusa 115
Meso s mladicama bambusa i gljivama 115
Kineska pečena govedina 117
Meso klica graha 117
Govedina s brokulom 119
Meso sa sezamom i brokulom 120
Pečena govedina 122
Kantonska govedina 123
Teletina sa mrkvom 124
Meso s indijskim oraščićima 124
Mesni gulaš za sporo kuhanje 125
Meso s cvjetačom 126
Teletina sa celerom 127
Pržene mesne kriške s celerom 128
Rendana junetina s piletinom i celerom 129
Govedina s Čileom 131
Meso s kineskim kupusom 133
Govedina Suey 134

Teletina s krastavcima	*136*
Goveđi Chow Mein	*137*
filet krastavca	*139*
pečena govedina curry	*140*
Omlet od šunke i kestena	*142*
omlet s jastogom	*143*
omlet od kamenica	*144*
omlet od kozica	*144*
Omlet od jakobove kapice	*145*
Kolač od jaja s tofuom	*146*
Punjena svinjska tortilja	*147*
Tortilja punjena škampima	*148*
Tortilje kuhane na pari s nadjevom od piletine	*149*
palačinke od kamenica	*150*
palačinke od kozica	*151*
kineska kajgana	*152*
Kajgana s ribom	*153*
Kajgana s gljivama	*154*
Kajgana s umakom od kamenica	*155*
Kajgana sa svinjetinom	*156*
Kajgana sa svinjetinom i kozicama	*157*
Kajgana sa špinatom	*158*
Kajgana s vlascem	*159*
Kajgana s rajčicama	*160*
Kajgana s povrćem	*161*
Sufle od piletine	*162*
sufle od rakova	*163*
Souffle od rakova i đumbira	*164*
Souffle od ribe	*165*
Souffle od kozica	*165*
Souffle od kozica s klicama graha	*166*
Souffle od povrća	*167*
Jaje Foo Yung	*168*
Pečeno jaje Foo Yung	*169*
Rakovica Foo Yung s gljivama	*170*
Foo Yung jaja šunke	*171*

Pečeno svinjsko jaje Foo Yung 172
Svinjsko jaje i škampi Foo Yung 173
bijela riža 174
kuhana smeđa riža 174
Riža s mesom 175
Riža od pileće jetre 176
Riža s piletinom i gljivama 177
Kokosova riža 178
Riža s mesom rakova 179
Riža s grahom 180
riža s paprom 181
Riža s kuhanim jajetom 182
Riža na singapurski način 183
Spora riža za brod 183
riža na pari 184
Pržena riža 185
pržena riža s bademima 186
Pržena riža sa slaninom i jajetom 188
Pržena riža s mesom 189
Pržena riža s mljevenim mesom 190
Pržena riža s mesom i lukom 191
piletina sa rižom 192
Patka pržena riža 193
šunka riža 194
Riža sa šunkom i temeljcem 195
svinjska pržena riža 196
Pržena riža sa svinjetinom i škampima 197
Pržena riža sa škampima 198
pržena riža i grah 199
Riža pržena sa lososom 200
Posebna pržena riža 201
Deset dragocjenih riža 202
Pržena riža od tune 203
rezanci od kuhanih jaja 204
rezanci od jaja kuhani na pari 205
prepečeni rezanci 206

prženi rezanci.. *207*
Prženi mekani rezanci... *208*
prženi rezanci.. *209*
hladni rezanci *210*
košarice za rezance... *211*
palačinka od makarona *212*

Piletina sa slaninom

za 4 osobe

225 g / 8 oz piletine, vrlo tanko narezane

75 ml / 5 žlica soja umaka

15 ml / 1 žlica rižinog vina ili suhog šerija

1 protisnuti češanj češnjaka

15 ml / 1 žlica smeđeg šećera

5 ml / 1 žličica soli

5 ml / 1 žličica mljevenog korijena đumbira

225 g / 8 oz nemasne slanine, narezane na kockice

100 g / 4 oz vodenih kestena, vrlo tanko narezanih

30 ml / 2 žlice meda

Stavite piletinu u zdjelu. Pomiješajte 45 ml / 3 žlice soja umaka s vinom ili šerijem, češnjakom, šećerom, soli i đumbirom, prelijte piletinu i ostavite da se marinira oko 3 sata. Na ražnjić za ćevape nataknite piletinu, slaninu i kestene. Ostatak soja sosa pomiješajte s medom i premažite preko ćevapa. Pecite (pecite) na vrućem roštilju oko 10 minuta dok se ne ispeče, često ih okrećući i premazujući još glazurom dok se peku.

Čips od piletine i banane

za 4 osobe

2 kuhana pileća prsa
2 čvrste banane
6 kriški kruha
4 jaja
120 ml / 4 fl oz / ¬Ω šalice mlijeka
50 g / 2 oz / ¬Ω šalica višenamjenskog brašna
225 g / 8 oz / 4 šalice svježih krušnih mrvica
ulje za prženje

Piletinu narežite na 24 komada. Banane ogulite i uzdužno narežite na četvrtine. Svaku četvrtinu izrežite na trećine tako da dobijete 24 komada. Kruhu odrežite koricu i narežite ga na četvrtine. Umutiti jaja i mlijeko i premazati jednu stranu kruha. Stavite komad piletine i komad banane na stranu svakog kruha premazanu jajetom. Kvadrate lagano umočiti u brašno, zatim umočiti u jaje i uvaljati u prezle. Ponovno umočite jaje i prezle. Zagrijte ulje i pržite nekoliko kvadratića odjednom dok ne porumene. Prije posluživanja ocijedite na kuhinjskom papiru.

Piletina s đumbirom i gljivama

za 4 osobe

225 g pilećih prsa
5 ml / 1 žličica pet začina u prahu
15 ml / 1 žlica višenamjenskog brašna
120 ml / 4 fl oz / ¬Ω šalice ulja od kikirikija (kikiriki)
4 ljutike, prerezane na pola
1 režanj češnjaka, narezan na ploške
1 kriška korijena đumbira, nasjeckana
25 g / 1 oz / ¬° šalice indijskih oraščića
5 ml / 1 žličica meda
15 ml / 1 žlica rižinog brašna
75 ml / 5 žlica rižinog vina ili suhog šerija
100 g / 4 oz gljiva, na četvrtine
2,5 ml / ¬Ω žličica kurkume
6 žutih paprika prepolovljenih
5 ml / 1 žličica soja umaka
¬Ω sok od limuna
sol i papar
4 lista hrskave zelene salate

Pileća prsa narežite dijagonalno preko zrna na tanke trakice. Pospite s pet začina i lagano pospite brašnom. Zagrijte 15 ml / 1 žlicu ulja i pržite piletinu dok ne porumeni. Izvadite iz hladnjaka. Zagrijte još malo ulja i pržite ljutiku, češnjak, đumbir i indijske oraščiće 1 minutu. Dodajte med i miješajte dok se povrće ne prekrije. Pospite brašnom i dodajte vino ili šeri. Dodajte gljive, kurkumu i papar te kuhajte 1 minutu. Dodajte piletinu, sojin umak, pola limunova soka, sol i papar i zagrijte. Izvadite iz posude i držite na toplom. Zagrijte još malo ulja, dodajte listove zelene salate i brzo popržite, začinite solju i paprom te preostalim sokom od limete.

piletina i šunka

za 4 osobe

225 g / 8 oz piletine, vrlo tanko narezane

75 ml / 5 žlica soja umaka

15 ml / 1 žlica rižinog vina ili suhog šerija

15 ml / 1 žlica smeđeg šećera

5 ml / 1 žličica mljevenog korijena đumbira

1 protisnuti češanj češnjaka

225 g/8 oz kuhane šunke, narezane na kockice

30 ml / 2 žlice meda

Stavite piletinu u zdjelu s 45 ml / 3 žlice soja umaka, vinom ili šerijem, šećerom, đumbirom i češnjakom. Ostavite da se marinira 3 sata. Na ražnjiće za ćevape nanizati piletinu i šunku. Ostatak soja sosa pomiješajte s medom i premažite preko ćevapa. Pecite (pecite) na vrućem roštilju oko 10 minuta, često ih okrećući i premazujući glazurom dok se peku.

Pileća jetrica na žaru

za 4 osobe

450 g / 1 funta pileće jetre
45 ml / 3 žlice soja umaka
15 ml / 1 žlica rižinog vina ili suhog šerija
15 ml / 1 žlica smeđeg šećera
5 ml / 1 žličica soli
5 ml / 1 žličica mljevenog korijena đumbira
1 protisnuti češanj češnjaka

Pileća jetrica kuhajte 2 minute u kipućoj vodi i dobro ocijedite. Stavite u zdjelu sa svim preostalim sastojcima osim ulja i ostavite da se mariniraju oko 3 sata. Pileća jetrica nanizati na ražnjiće za ćevape i peći (peći) na zagrijanom roštilju oko 8 minuta dok ne porumene.

Kuglice od rakova s vodenim kestenom

za 4 osobe

450 g / 1 funta mesa rakova, mljevenog
100 g / 4 oz vodenog kestena, nasjeckanog
1 protisnuti češanj češnjaka
1 cm/¬Ω korijen đumbira, narezan, mljeveni
45 ml / 3 žlice kukuruznog brašna (kukuruzni škrob)
30 ml / 2 žlice soja umaka
15 ml / 1 žlica rižinog vina ili suhog šerija
5 ml / 1 žličica soli
5 ml / 1 žličica šećera
3 razmućena jaja
ulje za prženje

Pomiješajte sve sastojke osim ulja i oblikujte kuglice. Zagrijte ulje i pržite okruglice od rakova dok ne porumene. Dobro ocijedite prije posluživanja.

dim sum

za 4 osobe

100 g / 4 oz oguljenih škampa, nasjeckanih
225 g / 8 oz nemasne svinjetine, sitno nasjeckane
50 g / 2 oz bok choya, sitno nasjeckanog
3 vlasca (mladi luk), nasjeckana
1 umućeno jaje
30 ml / 2 žlice kukuruznog brašna (kukuruzni škrob)
10 ml / 2 žličice sojinog umaka
5 ml / 1 žličica sezamovog ulja
5 ml / 1 žličica umaka od kamenica
24 wonton kože
ulje za prženje

Pomiješajte škampe, svinjetinu, kupus i vlasac. Pomiješajte jaje, kukuruznu krupicu, sojin umak, sezamovo ulje i umak od kamenica. Ulijte smjesu u sredinu svake wonton školjke. Nježno pritisnite omot oko nadjeva, spojite rubove, ali ostavite gornji dio otvorenim. Zagrijte ulje i pržite dimljenice nekoliko po nekoliko dok ne porumene. Dobro ocijedite i poslužite vruće.

Rolice od šunke i piletine

za 4 osobe

2 pileća prsa

1 protisnuti češanj češnjaka

2,5 ml / ½ žličica soli

2,5 ml / ½ žličica pet začina u prahu

4 kriške kuhane šunke

1 umućeno jaje

30 ml / 2 žlice mlijeka

25 g / 1 oz / ¼ šalice višenamjenskog brašna

4 kore rolada od jaja

ulje za prženje

Pileća prsa prerežite na pola. Samljeti ih dok ne budu vrlo tanki. Pomiješajte češnjak, sol i pet začina u prahu i pospite po piletini. Na svaki komad piletine stavite krišku šunke i čvrsto zarolajte. Pomiješajte jaje i mlijeko. Komade piletine lagano pobrašnite i umočite u smjesu od jaja. Svaki zalogaj stavite na koru rolade s jajima i premažite rubove razmućenim jajetom. Presavijte stranice i zarolajte, stisnite rubove da se zapeku. Zagrijte ulje i pržite lepinje oko 5 minuta dok ne porumene i budu pečene. Ocijedite na kuhinjskom papiru i dijagonalno narežite na deblje ploške za posluživanje.

Twist od pečene šunke

za 4 osobe

350 g / 12 oz / 3 šalice višenamjenskog brašna
175 g / 6 oz / ¬œ šalice maslaca
120 ml / 4 fl oz / ¬Ω šalice vode
225 g nasjeckane šunke
100g / 4oz mladica bambusa, nasjeckanih
2 vlasca (mladi luk), nasjeckana
15 ml / 1 žlica sojinog umaka
30 ml / 2 žlice sjemenki sezama

Stavite brašno u zdjelu i utrljajte ga u maslac. Pomiješajte s vodom da nastane pasta. Tijesto razvaljajte i izrežite na krugove 5/2 cm, sve ostale sastojke osim sezama pomiješajte zajedno i u svaki krug stavite po žlicu. Rubove tijesta premažite vodom i zatvorite. Izvana premažite vodom i pospite sezamom. Pecite u prethodno zagrijanoj pećnici na 180 C / 350 F / plinska oznaka 4 30 minuta.

Umjetno dimljena riba

za 4 osobe

1 brancin

3 kriške narezanog korijena đumbira

1 protisnuti češanj češnjaka

1 mladi luk (mladi luk), deblje narezan

75 ml / 5 žlica soja umaka

30 ml / 2 žlice rižinog vina ili suhog šerija

2,5 ml / ½ žličica mljevenog anisa

2,5 ml / ½ žličica sezamovog ulja

10 ml / 2 žličice šećera

120 ml / 4 fl oz / ½ šalice juhe

ulje za prženje

5 ml / 1 žličica kukuruznog brašna (kukuruzni škrob)

Ribu odrežite i narežite na ploške od 5 mm (¼ inča) u odnosu na vlakna. Pomiješajte đumbir, češnjak, vlasac, 60 ml/4 žlice soja umaka, šeri, anis i sezamovo ulje. Prelijte preko ribe i lagano promiješajte. Ostavite 2 sata uz povremeno okretanje.

Ocijedite marinadu u tavi, a ribu osušite na kuhinjskom papiru. U marinadu dodajte šećer, temeljac i preostali sojin umak, zakuhajte i kuhajte 1 minutu. Ako trebate zgusnuti umak, pomiješajte kukuruzni škrob s malo hladne vode, umiješajte u umak i kuhajte miješajući dok se umak ne zgusne.

U međuvremenu zagrijte ulje i pržite ribu dok ne porumeni. Dobro osušiti. Komade ribe umočite u marinadu i stavite na ringlu. Poslužite toplo ili hladno.

punjene gljive

za 4 osobe

12 velikih klobuka suhih gljiva
225 g / 8 oz mesa rakova
3 nasjeckana vodena kestena
2 glavice crvenog luka (posuda), sitno nasjeckane
1 bjelanjak
15 ml / 1 žlica kukuruznog brašna (kukuruzni škrob)
15 ml / 1 žlica sojinog umaka
15 ml / 1 žlica rižinog vina ili suhog šerija

Namočite gljive u toploj vodi preko noći. Obrišite suhom. Ostatak sastojaka pomiješajte i upotrijebite za punjenje klobuka gljiva. Stavite na roštilj i pustite da se kuha na pari 40 minuta. Poslužite vruće.

Gljive s umakom od kamenica

za 4 osobe

10 suhih kineskih gljiva
250 ml / 8 tečnih oz / 1 šalica goveđeg temeljca
15 ml / 1 žlica kukuruznog brašna (kukuruzni škrob)
30 ml / 2 žlice umaka od kamenica
5 ml / 1 žličica rižinog vina ili suhog šerija

Namočite gljive u toploj vodi 30 minuta, zatim ih ocijedite, ostavljajući 250 ml / 8 fl oz / 1 šalicu tekućine za namakanje. Bacite peteljke. Pomiješajte 60 ml/4 žlice goveđeg temeljca s kukuruznim brašnom dok ne dobijete pastu. Ostatak goveđeg temeljca zajedno s gljivama i tekućinom od gljiva zakuhajte, poklopite i kuhajte 20 minuta. Gljive kuhačom izvadite iz tekućine i stavite ih na ringlu. Dodajte umak od kamenica i sherry u tavu i kuhajte, miješajući, 2 minute. Dodajte pire od kukuruzne krupice i kuhajte na laganoj vatri miješajući dok se umak ne zgusne. Prelijte preko gljiva i odmah poslužite.

Rolice od svinjetine i salate

za 4 osobe

4 sušene kineske gljive
15 ml / 1 žlica ulja od kikirikija
225 g / 8 oz nemasne svinjetine, mljevene
100g / 4oz mladica bambusa, nasjeckanih
100 g / 4 oz vodenog kestena, nasjeckanog
4 vlasca (mladi luk), nasjeckana
175 g / 6 oz mesa rakova, u pahuljicama
30 ml / 2 žlice rižinog vina ili suhog šerija
15 ml / 1 žlica sojinog umaka
10 ml / 2 žličice umaka od kamenica
10 ml / 2 žličice sezamovog ulja
9 kineskih listova

Gljive namočite u toploj vodi 30 minuta, zatim ocijedite. Odbacite peteljke i nasjeckajte vrhove. Zagrijte ulje i pržite svinjetinu 5 minuta. Dodajte gljive, mladice bambusa, vodene kestene, luk i meso rakova te pržite 2 minute. Pomiješajte vino ili šeri, sojin umak, umak od kamenica i sezamovo ulje i promiješajte u tavi. Maknite s vatre. U međuvremenu blanširajte kinesko lišće u kipućoj vodi 1 minutu i isperite. U sredinu svakog lista žlicom stavljajte svinjsku smjesu, savijte strane i zarolajte za posluživanje.

Ćufte od svinjetine i kestena

za 4 osobe

450 g / 1 funta mljevene svinjetine (mljevene)

50 g / 2 oz šampinjona, sitno nasjeckanih

50 g / 2 oz vodenog kestena, sitno nasjeckanog

1 protisnuti češanj češnjaka

1 umućeno jaje

30 ml / 2 žlice soja umaka

15 ml / 1 žlica rižinog vina ili suhog šerija

5 ml / 1 žličica mljevenog korijena đumbira

5 ml / 1 žličica šećera

sol

30 ml / 2 žlice kukuruznog brašna (kukuruzni škrob)

ulje za prženje

Pomiješajte sve sastojke osim kukuruzne krupice i oblikujte kuglice od smjese. Uvaljati u kukuruzno brašno. Zagrijte ulje i pecite polpete oko 10 minuta dok ne porumene. Dobro ocijedite prije posluživanja.

svinjske lepinje

za 4 osobe

450 g / 1 funta višenamjenskog brašna
500 ml / 17 fl oz / 2 šalice vode
450 g / 1 lb kuhane svinjetine, mljevene
225 g / 8 oz oguljenih škampa, nasjeckanih
4 stabljike celera, nasjeckane
15 ml / 1 žlica sojinog umaka
15 ml / 1 žlica rižinog vina ili suhog šerija
15 ml / 1 žlica sezamovog ulja
5 ml / 1 žličica soli
2 glavice crvenog luka (posuda), sitno nasjeckane
2 češnja češnjaka nasjeckana
1 kriška korijena đumbira, nasjeckana

Pomiješajte brašno i vodu dok ne dobijete glatko tijesto i dobro ga umijesite. Pokrijte i ostavite da odstoji 10 minuta. Tijesto razvaljajte što tanje i izrežite na krugove 5/2 cm, sve ostale sastojke pomiješajte. Ulijte smjesu u svaki krug, navlažite rubove i zatvorite u polukrug. Zakuhajte lonac s vodom i potom pažljivo ulijte mesne okruglice u vodu. Kad se mesne okruglice dignu, dodajte 150 ml / ¬°pt / ¬æ šalice hladne vode i ponovno zakuhajte vodu. Kad ćufte ponovno narastu, pečene su.

Kozice s umakom od ličija

za 4 osobe

*50 g / 2 oz / ½ jedna šalica (za sve namjene)
brašno*

2,5 ml / ½ žličica soli

1 jaje, lagano tučeno

30 ml / 2 žlice vode

450 g / 1 funta oguljenih škampa

ulje za prženje

30 ml / 2 žlice ulja od kikirikija

2 kriške nasjeckanog korijena đumbira

30 ml / 2 žlice vinskog octa

5 ml / 1 žličica šećera

2,5 ml / ½ žličica soli

15 ml / 1 žlica sojinog umaka

200 g ličija u konzervi, ocijeđenog

Pomiješajte brašno, sol, jaje i vodu da napravite tijesto, po potrebi dodajte još malo vode. Pomiješajte sa škampima dok se dobro ne prekriju. Zagrijte ulje i pržite kozice nekoliko minuta dok ne postanu hrskave i zlatne boje. Ocijedite na kuhinjskom papiru i stavite na ringlu. U međuvremenu zagrijte ulje i pržite đumbir 1 minutu. Dodajte ocat, šećer, sol i sojin umak. Dodajte liči i miješajte dok se ne zagrije i ne prekrije umakom. Prelijte škampima i odmah poslužite.

Pržene kozice s mandarinama

za 4 osobe

60 ml / 4 žlice ulja od kikirikija
1 protisnuti češanj češnjaka
1 kriška korijena đumbira, nasjeckana
450 g / 1 funta oguljenih škampa
30 ml / 2 žlice rižinog vina ili suhog šerija 30 ml / 2 žlice soja umaka
15 ml / 1 žlica kukuruznog brašna (kukuruzni škrob)
45 ml / 3 žlice vode

Zagrijte ulje i popržite češnjak i đumbir dok lagano ne porumene. Dodajte škampe i pržite 1 minutu. Dodajte vino ili sherry i dobro promiješajte. Dodajte sojin umak, kukuruzni škrob i vodu te pržite 2 minute.

Kozice s mangetoutom

za 4 osobe

5 suhih kineskih gljiva

225 g klica graha

60 ml / 4 žlice ulja od kikirikija

5 ml / 1 žličica soli

2 stabljike celera, nasjeckane

4 vlasca (mladi luk), nasjeckana

2 češnja češnjaka nasjeckana

2 kriške nasjeckanog korijena đumbira

60 ml / 4 žlice vode

15 ml / 1 žlica sojinog umaka

15 ml / 1 žlica rižinog vina ili suhog šerija

225 g / 8 unci graška šećera

225 g / 8 oz oguljenih škampa

15 ml / 1 žlica kukuruznog brašna (kukuruzni škrob)

Gljive namočite u toploj vodi 30 minuta, zatim ocijedite. Bacite peteljke i odrežite vrhove. Klice graha blanširajte u kipućoj vodi 5 minuta i dobro isperite. Zagrijte polovicu ulja i popržite sol, celer, ljutiku i klice graha 1 minutu pa izvadite iz tave. Zagrijte ostatak ulja i popržite češnjak i đumbir dok lagano ne porumene. Dodajte pola vode, sojin umak, vino ili šeri, grašak i kozice, zakuhajte i kuhajte 3 minute. Pomiješajte kukuruznu krupicu i preostalu vodu u pastu, promiješajte u tavi i kuhajte miješajući dok se umak ne zgusne. Vratite povrće u tavu, kuhajte dok se ne zagrije. Poslužite odmah.

Škampi s kineskim gljivama

za 4 osobe

8 suhih kineskih gljiva
45 ml / 3 žlice kikiriki (kikiriki) ulja
3 kriške nasjeckanog korijena đumbira
450 g / 1 funta oguljenih škampa
15 ml / 1 žlica sojinog umaka
5 ml / 1 žličica soli
60 ml / 4 žlice ribljeg temeljca

Gljive namočite u toploj vodi 30 minuta, zatim ocijedite. Bacite peteljke i odrežite vrhove. Zagrijte pola ulja i pržite đumbir dok ne postane svijetlo smeđ. Dodajte kozice, sojin umak i sol te pržite dok se ne oblože uljem i izvadite iz tave. Zagrijte preostalo ulje i pržite gljive dok ne budu prekrivene uljem. Dodajte temeljac, zakuhajte, poklopite i kuhajte 3 minute. Kozice vratite u tavu i miješajte dok se ne skuhaju.

Kozice i grašak propirjajte

za 4 osobe

450 g / 1 funta oguljenih škampa
5 ml / 1 žličica sezamovog ulja
5 ml / 1 žličica soli
30 ml / 2 žlice ulja od kikirikija
1 protisnuti češanj češnjaka
1 kriška korijena đumbira, nasjeckana
225g / 8oz smrznutog ili kuhanog graha, odmrznutog
4 vlasca (mladi luk), nasjeckana
30 ml / 2 žlice vode
sol i papar

Pomiješajte škampe sa sezamovim uljem i soli. Zagrijte ulje i pržite češnjak i đumbir 1 minutu. Dodajte škampe i pržite 2 minute. Dodajte mahune i pržite 1 minutu. Dodajte mladi luk i vodu te po želji začinite solju, paprom i malo sezamovog ulja. Zagrijte, lagano miješajući, prije posluživanja.

Kozice s ajvarom od manga

za 4 osobe

12 kozica

sol i papar

sok od 1 limuna

30 ml / 2 žlice kukuruznog brašna (kukuruzni škrob)

1 mango

5 ml / 1 žličica senfa u prahu

5 ml / 1 žličica meda

30 ml / 2 žlice kokosovog vrhnja

30 ml / 2 žlice blagog curryja

120 ml / 4 fl oz / ½ šalice pilećeg temeljca

45 ml / 3 žlice kikiriki (kikiriki) ulja

2 nasjeckana češnja češnjaka

2 vlasca (mladi luk), nasjeckana

1 lukovica komorača, nasjeckana

100g/4oz mango chutneya

Ogulite škampe i ostavite rep netaknut. Pospite solju, paprom i limunovim sokom, pa prekrijte polovicom kukuruzne krupice. Ogulite mango, izrežite pulpu iz koštice, a zatim nasjeckajte pulpu. Umiješajte senf, med, vrhnje od kokosa, curry prah, preostali kukuruzni škrob i juhu. Zagrijte pola ulja i pržite češnjak, vlasac i komorač 2 minute. Dodajte mješavinu juhe, zakuhajte i kuhajte 1 minutu. Dodajte kockice manga i ljuti umak i lagano zagrijte pa prebacite na topli tanjur. Zagrijte preostalo ulje i pržite kozice 2 minute. Posložite ih preko povrća i poslužite sve odjednom.

Kamerun do Pekinga

za 4 osobe

30 ml / 2 žlice ulja od kikirikija
2 češnja češnjaka nasjeckana
1 kriška korijena đumbira, sitno nasjeckanog
225 g / 8 oz oguljenih škampa
4 vlasca (mladi luk), deblje narezana
120 ml / 4 fl oz / ½ šalice pilećeg temeljca
5 ml / 1 žličica smeđeg šećera
5 ml / 1 žličica soja umaka
5 ml / 1 žličica hoisin umaka
5 ml / 1 žličica Tabasco umaka

Zagrijte ulje s češnjakom i đumbirom i pržite dok češnjak lagano ne porumeni. Dodajte škampe i pržite 1 minutu. Dodajte luk i pržite 1 minutu. Dodajte ostale sastojke, zakuhajte, poklopite i kuhajte 4 minute uz povremeno miješanje. Provjerite začine i dodajte još malo Tabasco umaka ako želite.

Kozice s paprikom

za 4 osobe

30 ml / 2 žlice ulja od kikirikija
1 zelena paprika narezana na komadiće
450 g / 1 funta oguljenih škampa
10 ml / 2 žličice kukuruznog brašna (kukuruzni škrob)
60 ml / 4 žlice vode
5 ml / 1 žličica rižinog vina ili suhog šerija
2,5 ml / ½ žličica soli
45 ml / 2 žlice paste od rajčice (pasta)

Zagrijte ulje i pržite papriku 2 minute. Dodajte škampe i pire od rajčice i dobro promiješajte. Pomiješajte vodu od kukuruznog brašna, vino ili šeri i sol da dobijete pastu, umiješajte u tavi i kuhajte, miješajući, dok umak ne postane bistar i gust.

Prženi škampi sa svinjetinom

za 4 osobe

225 g / 8 oz oguljenih škampa
100g/4oz nemasne svinjetine, nasjeckane
60 ml / 4 žlice rižinog vina ili suhog šerija
1 bjelanjak
45 ml / 3 žlice kukuruznog brašna (kukuruzni škrob)
5 ml / 1 žličica soli
15 ml / 1 žlica vode (po želji)
90 ml / 6 žlica ulja kikirikija (kikirikija).
45 ml / 3 žlice ribljeg temeljca
5 ml / 1 žličica sezamovog ulja

Na posebne tanjure rasporedite škampe i svinjetinu. Pomiješajte 45 ml / 3 žlice vina ili šerija, bjelanjak, 30 ml / 2 žlice kukuruzne krupice i sol da dobijete rahlo tijesto, po potrebi dodajte vodu. Podijelite smjesu između svinjetine i škampa i dobro promiješajte da se ravnomjerno prekrije. Zagrijte ulje i pržite svinjetinu i kozice nekoliko minuta dok ne porumene. Izvadite iz tave i ulijte sve osim 15 ml/1 žlice ulja. Dodajte temeljac u tavu s preostalim vinom ili šerijem i kukuruznom brašnom. Pustite da zakipi i kuhajte uz miješanje dok se umak ne zgusne. Prelijte gambere i svinjetinu i poslužite poškropljeno sezamovim uljem.

Pržene kozice sa sherry umakom

za 4 osobe

50 g / 2 oz / ¬Ω šalica višenamjenskog brašna

2,5 ml / ¬Ω žličica soli

1 jaje, lagano tučeno

30 ml / 2 žlice vode

450 g / 1 funta oguljenih škampa

ulje za prženje

15 ml / 1 žlica ulja od kikirikija

1 glavica luka sitno nasjeckana

45 ml / 3 žlice rižinog vina ili suhog šerija

15 ml / 1 žlica sojinog umaka

120 ml / 4 fl oz / ¬Ω šalice ribljeg temeljca

10 ml / 2 žličice kukuruznog brašna (kukuruzni škrob)

30 ml / 2 žlice vode

Pomiješajte brašno, sol, jaje i vodu da napravite tijesto, po potrebi dodajte još malo vode. Pomiješajte sa škampima dok se dobro ne prekriju. Zagrijte ulje i pržite kozice nekoliko minuta dok ne postanu hrskave i zlatne boje. Ocijedite na kuhinjskom papiru i stavite na topli tanjur. U međuvremenu zagrijte ulje i popržite luk dok ne uvene. Dodajte vino ili šeri, sojin umak i temeljac, zakuhajte i kuhajte 4 minute. Pomiješajte kukuruzno brašno i vodu u pastu, umiješajte u tavi i kuhajte, miješajući, dok umak ne postane bistar i gust. Umak prelijte preko kozica i poslužite.

Pržene kozice sa sezamom

za 4 osobe

450 g / 1 funta oguljenih škampa

½ bjelanjak

5 ml / 1 žličica soja umaka

5 ml / 1 žličica sezamovog ulja

50 g / 2 oz / ½ šalice kukuruznog brašna (maizena)

sol i svježe mljeveni bijeli papar

ulje za prženje

60 ml / 4 žlice sjemenki sezama

Listovi zelene salate

Pomiješajte škampe s bjelanjkom, soja umakom, sezamovim uljem, kukuruznim škrobom, soli i paprom. Dodajte malo vode ako je smjesa pregusta. Zagrijte ulje i pržite kozice nekoliko minuta dok ne porumene. Za to vrijeme na suhoj tavi kratko prepecite sjemenke sezama dok ne porumene. Kozice ocijedite i pomiješajte sa sezamom. Poslužite na podlozi od salate.

Škampi prženi u ljusci

za 4 osobe

60 ml / 4 žlice ulja od kikirikija

750 g / 1¬Ω lb škampa u ljusci

3 vlasca (mladi luk), nasjeckana

3 kriške nasjeckanog korijena đumbira

2,5 ml / ¬Ω žličica soli

15 ml / 1 žlica rižinog vina ili suhog šerija

120 ml / 4 fl oz / ¬Ω šalica kečapa (kečap)

15 ml / 1 žlica sojinog umaka

15 ml / 1 žlica šećera

15 ml / 1 žlica kukuruznog brašna (kukuruzni škrob)

60 ml / 4 žlice vode

Zagrijte ulje i pržite kozice 1 minutu ako su kuhane ili dok ne porumene ako su sirove. Dodajte ljutiku, đumbir, sol i vino ili šeri i pržite 1 minutu. Dodajte kečap, sojin umak i šećer i pržite 1 minutu. Pomiješajte kukuruznu krupicu i vodu, umiješajte u tavu i kuhajte uz miješanje dok umak ne posvijetli i ne zgusne se.

prženi škampi

za 4 osobe

75 g / 3 oz / ¬° šalice kukuruznog brašna (kukuruzni škrob)
1 bjelanjak
5 ml / 1 žličica rižinog vina ili suhog šerija
sol
350 g / 12 oz oguljenih škampa
ulje za prženje

Pomiješajte kukuruznu krupicu, bjelanjke, vino ili šeri i malo soli da dobijete gustu smjesu. Umočite škampe u tijesto dok se dobro ne prekriju. Zagrijte ulje da bude dovoljno vruće i pržite kozice nekoliko minuta dok ne porumene. Izvadite iz ulja, zagrijte dok se jako ne zagrije i ponovno pržite kozice dok ne postanu hrskave i zlatne.

Tempura od kozica

za 4 osobe

450 g / 1 funta oguljenih škampa
30 ml / 2 žlice višenamjenskog brašna
30 ml / 2 žlice kukuruznog brašna (kukuruzni škrob)
30 ml / 2 žlice vode
2 razmućena jaja
ulje za prženje

Zarežite škampe u sredini unutarnje mašne i raširite ih tako da oblikuju leptira. Pomiješajte brašno, kukuruzni škrob i vodu da dobijete tijesto, zatim dodajte jaja. Zagrijte ulje i pržite kozice dok ne porumene.

Guma

za 4 osobe

30 ml / 2 žlice ulja od kikirikija
2 vlasca (mladi luk), nasjeckana
1 protisnuti češanj češnjaka
1 kriška korijena đumbira, nasjeckana
100 g pilećih prsa, narezanih na trakice
100 g šunke narezane na trakice
100 g izdanaka bambusa, narezanih na trakice
100 g vodenog kestena, narezanog na trakice
225 g / 8 oz oguljenih škampa
30 ml / 2 žlice soja umaka
30 ml / 2 žlice rižinog vina ili suhog šerija
5 ml / 1 žličica soli
5 ml / 1 žličica šećera
5 ml / 1 žličica kukuruznog brašna (kukuruzni škrob)

Zagrijte ulje i popržite luk, češnjak i đumbir dok lagano ne porumene. Dodajte piletinu i pržite 1 minutu. Dodajte šunku, mladice bambusa i vodene kestene te pržite 3 minute. Dodajte škampe i pržite 1 minutu. Dodajte soja umak, vino ili šeri, sol i šećer i pržite 2 minute. Kukuruzno brašno pomiješajte s malo vode, umiješajte u posudu i kuhajte na laganoj vatri uz miješanje 2 minute.

Kozice s tofuom

za 4 osobe

45 ml / 3 žlice kikiriki (kikiriki) ulja

225 g / 8 oz tofua, na kockice

1 vlasac (luk), nasjeckan

1 protisnuti češanj češnjaka

15 ml / 1 žlica sojinog umaka

5 ml / 1 žličica šećera

90 ml / 6 žlicaribljeg temeljca

225 g / 8 oz oguljenih škampa

15 ml / 1 žlica kukuruznog brašna (kukuruzni škrob)

45 ml / 3 žlice vode

Zagrijte pola ulja i pržite tofu dok lagano ne porumeni pa ga izvadite iz tave. Zagrijte ostatak ulja i popržite vlasac i češnjak dok ne dobiju svijetlo smeđu boju. Dodajte sojin umak, šećer i juhu i pustite da zavrije. Dodajte škampe i miješajte na laganoj vatri 3 minute. Pomiješajte kukuruznu krupicu i vodu u pastu, umiješajte u tavu i kuhajte miješajući dok se umak ne zgusne. Vratite tofu u tavu i kuhajte dok se ne zagrije.

Kozice s rajčicama

za 4 osobe

2 bjelanjka

30 ml / 2 žlice kukuruznog brašna (kukuruzni škrob)

5 ml / 1 žličica soli

450 g / 1 funta oguljenih škampa

ulje za prženje

30 ml / 2 žlice rižinog vina ili suhog šerija

225 g / 8 oz rajčice, oguljene, sjemenke i nasjeckane

Pomiješajte bjelanjke, kukuruzni škrob i sol. Dodajte škampe dok se dobro ne prekriju. Zagrijte ulje i pržite kozice dok ne budu pečene. Ulijte sve osim 15 ml/1 žlice ulja i ponovno zagrijte. Dodajte vino ili sherry i rajčice te pustite da zavrije. Dodajte škampe i brzo zagrijte prije posluživanja.

Kozice s umakom od rajčice

za 4 osobe

30 ml / 2 žlice ulja od kikirikija
1 protisnuti češanj češnjaka
2 kriške nasjeckanog korijena đumbira
2,5 ml / ¬Ω žličica soli
15 ml / 1 žlica rižinog vina ili suhog šerija
15 ml / 1 žlica sojinog umaka
6 ml / 4 žlice kečapa (kečapa)
120 ml / 4 fl oz / ¬Ω šalice ribljeg temeljca
350 g / 12 oz oguljenih škampa
10 ml / 2 žličice kukuruznog brašna (kukuruzni škrob)
30 ml / 2 žlice vode

Zagrijte ulje i pržite češnjak, đumbir i sol 2 minute. Dodajte vino ili šeri, sojin umak, kečap i temeljac i pustite da zavrije. Dodajte škampe, poklopite i kuhajte na laganoj vatri 2 minute. Pomiješajte kukuruzno brašno i vodu u pastu, umiješajte u tavi i kuhajte, miješajući, dok umak ne posvijetli i zgusne se.

Škampi s rajčicama i chile umakom

za 4 osobe

60 ml / 4 žlice ulja od kikirikija
15 ml / 1 žlica mljevenog đumbira
15 ml / 1 žlica nasjeckanog češnjaka
15 ml / 1 žlica nasjeckanog vlasca
60 ml / 4 žlice paste od rajčice (pasta)
15 ml / 1 žlica čili umaka
450 g / 1 funta oguljenih škampa
15 ml / 1 žlica kukuruznog brašna (kukuruzni škrob)
15 ml / 1 žlica vode

Zagrijte ulje i pržite đumbir, češnjak i vlasac 1 minutu. Dodajte pire od rajčice i čili umak i dobro promiješajte. Dodajte škampe i pržite 2 minute. Pomiješajte kukuruznu krupicu i vodu u pastu, promiješajte u tavi i kuhajte dok se umak ne zgusne. Poslužite odmah.

Prženi škampi s umakom od rajčice

za 4 osobe

50 g / 2 oz / ¬Ω šalica višenamjenskog brašna
2,5 ml / ¬Ω žličica soli
1 jaje, lagano tučeno
30 ml / 2 žlice vode
450 g / 1 funta oguljenih škampa
ulje za prženje
30 ml / 2 žlice ulja od kikirikija
1 glavica luka sitno nasjeckana
2 kriške nasjeckanog korijena đumbira
75 ml / 5 žlica kečapa (kečapa)
10 ml / 2 žličice kukuruznog brašna (kukuruzni škrob)
30 ml / 2 žlice vode

Pomiješajte brašno, sol, jaje i vodu da napravite tijesto, po potrebi dodajte još malo vode. Pomiješajte sa škampima dok se dobro ne prekriju. Zagrijte ulje i pržite kozice nekoliko minuta dok ne postanu hrskave i zlatne boje. Ocijediti na papirnatim ubrusima.

U međuvremenu zagrijte ulje i popržite luk i đumbir dok ne omekšaju. Dodajte kečap i pirjajte 3 minute. Pomiješajte kukuruznu krupicu i vodu u pastu, umiješajte u tavu i kuhajte miješajući dok se umak ne zgusne. Dodajte kozice u tavu i kuhajte na laganoj vatri dok ne pokuhaju. Poslužite odmah.

Kozice s povrćem

za 4 osobe

15 ml / 1 žlica ulja od kikirikija

225 g brokule

225g / 8oz gljiva

225 g izdanaka bambusa, narezanih na kriške

450 g / 1 funta oguljenih škampa

120 ml / 4 fl oz / ¬Ω šalice pilećeg temeljca

5 ml / 1 žličica kukuruznog brašna (kukuruzni škrob)

5 ml / 1 žličica umaka od kamenica

2,5 ml / ¬Ω žličica šećera

2,5 ml / ¬Ω žličice naribanog korijena đumbira

prstohvat svježe mljevenog papra

Zagrijte ulje i pržite brokulu 1 minutu. Dodajte gljive i mladice bambusa i pržite 2 minute. Dodajte škampe i pržite 2 minute. Sjediniti ostale sastojke i pomiješati sa smjesom od kozica. Zakuhajte, promiješajte i kuhajte 1 minutu uz stalno miješanje.

Kozice s vodenim kestenima

za 4 osobe

60 ml / 4 žlice ulja od kikirikija
1 mljeveni češanj češnjaka
1 kriška korijena đumbira, nasjeckana
450 g / 1 funta oguljenih škampa
30 ml / 2 žlice rižinog vina ili suhog šerija 225 g / 8 oz vodenih kestena, narezanih na ploške
30 ml / 2 žlice soja umaka
15 ml / 1 žlica kukuruznog brašna (kukuruzni škrob)
45 ml / 3 žlice vode

Zagrijte ulje i popržite češnjak i đumbir dok lagano ne porumene. Dodajte škampe i pržite 1 minutu. Dodajte vino ili sherry i dobro promiješajte. Dodajte vodene kestene i pržite 5 minuta. Dodajte ostale sastojke i pržite 2 minute.

škampi wontons

za 4 osobe

450 g / 1 funta oguljenih škampa, nasjeckanih
225 g / 8 oz miješanog povrća, nasjeckanog
15 ml / 1 žlica sojinog umaka
2,5 ml / ¬Ω žličica soli
nekoliko kapi sezamovog ulja
40 skinova wontona
ulje za prženje

Pomiješajte škampe, povrće, soja umak, sol i sezamovo ulje.

Da biste presavili wontone, držite kožu dlanom lijeve ruke i stavite malo punjenja u sredinu. Rubove navlažite jajetom, a kožu savijte u trokut i zalijepite rubove. Kutove navlažiti jajetom i okrenuti.

Zagrijte ulje i pecite malo po nekoliko wontona dok ne porumene. Dobro ocijedite prije posluživanja.

Abalone s piletinom

za 4 osobe
400 g / 14 oz konzervirane abalone

30 ml / 2 žlice ulja od kikirikija

100g/4oz pilećih prsa, narezanih na kockice

100g / 4oz mladica bambusa, narezanih

250 ml / 8 tečnih oz / 1 šalica ribljeg temeljca

15 ml / 1 žlica rižinog vina ili suhog šerija

5 ml / 1 žličica šećera

2,5 ml / ½ žličica soli

15 ml / 1 žlica kukuruznog brašna (kukuruzni škrob)

45 ml / 3 žlice vode

Ocijedite i narežite abalone, a sok ostavite. Zagrijte ulje i pržite piletinu dok ne dobije svijetlu boju. Dodajte abalone i mladice bambusa i pržite 1 minutu. Dodajte tekućinu od abalona, temeljac, vino ili sherry, šećer i sol, zakuhajte i kuhajte 2 minute. Pomiješajte kukuruzno brašno i vodu u pastu i kuhajte uz miješanje dok umak ne postane bistar i gust. Poslužite odmah.

abalone sa šparogama

za 4 osobe

10 suhih kineskih gljiva

30 ml / 2 žlice ulja od kikirikija

15 ml / 1 žlica vode

225 g / 8 oz šparoga

2,5 ml / ½ žličica ribljeg umaka

15 ml / 1 žlica kukuruznog brašna (kukuruzni škrob)

225 g / 8 oz konzerviranog morskog uha, narezanog na kriške

60 ml / 4 žlice juhe

½ mala mrkva, narezana na ploške

5 ml / 1 žličica soja umaka

5 ml / 1 žličica umaka od kamenica

5 ml / 1 žličica rižinog vina ili suhog šerija

Gljive namočite u toploj vodi 30 minuta, zatim ocijedite. Bacite peteljke. Zagrijte 15 ml / 1 žlicu ulja s vodom i pržite gljive 10 minuta. U međuvremenu se šparoge kuhaju u kipućoj vodi zajedno s ribljim umakom i 5 ml/1 žličica kukuruznog brašna dok ne omekšaju. Dobro ocijedite i stavite na ringlu s gljivama. Držite ih na toplom. Zagrijte preostalo ulje i pržite abalone nekoliko sekundi pa dodajte temeljac, mrkvu, sojin umak, umak od kamenica, vino ili šeri i preostali kukuruzni škrob. Kuhajte oko 5 minuta dok se ne skuha pa prelijte preko šparoga i poslužite.

Abalone s gljivama

za 4 osobe

6 suhih kineskih gljiva
400 g / 14 oz konzervirane abalone
45 ml / 3 žlice kikiriki (kikiriki) ulja
2,5 ml / ¬Ω žličica soli
15 ml / 1 žlica rižinog vina ili suhog šerija
3 mlada luka (zdjelica), debelo narezana

Gljive namočite u toploj vodi 30 minuta, zatim ocijedite. Bacite peteljke i odrežite vrhove. Ocijedite i narežite abalone, a sok ostavite. Zagrijte ulje i pržite sol i gljive 2 minute. Dodajte tekućinu od abalona i sherry, zakuhajte, poklopite i kuhajte 3 minute. Dodajte vlasac i luk i kuhajte dok ne zagrije. Poslužite odmah.

Abalone s umakom od kamenica

za 4 osobe

400 g / 14 oz konzervirane abalone

15 ml / 1 žlica kukuruznog brašna (kukuruzni škrob)
15 ml / 1 žlica sojinog umaka
45 ml / 3 žlice umaka od kamenica
30 ml / 2 žlice ulja od kikirikija
50 g / 2 oz dimljene šunke, nasjeckane

Ocijedite limenku abalonea, ostavljajući 90 ml / 6 žlica tekućine. Pomiješajte ovo s kukuruznim brašnom, umakom od soje i umakom od kamenica. Zagrijte ulje i pržite ocijeđene abalone 1 minutu. Dodajte mješavinu umaka i kuhajte, miješajući, dok se ne zagrije, oko 1 minutu. Prebacite na topli tanjur i poslužite ukrašeno šunkom.

plodovi mora kuhani na pari

za 4 osobe

24 sendviča

Školjke dobro izmasirajte, a zatim ih nekoliko sati potopite u slanu vodu. Operite u tekućoj vodi i stavite u plitku vatrostalnu posudu. Stavite na rešetku u posudu za kuhanje na pari, poklopite i kuhajte na pari u kipućoj vodi oko 10 minuta dok se sve školjke ne otvore. Odbacite one koji su još zatvoreni. Poslužite s umacima.

Sendvič s klicama graha

za 4 osobe

24 sendviča
15 ml / 1 žlica ulja od kikirikija
150g / 5oz klica graha
1 zelena paprika narezana na trakice
2 vlasca (mladi luk), nasjeckana
15 ml / 1 žlica rižinog vina ili suhog šerija
sol i svježe mljeveni papar
2,5 ml / ¬Ω žličica sezamovog ulja
50 g / 2 oz dimljene šunke, nasjeckane

Školjke dobro izmasirajte, a zatim ih nekoliko sati potopite u slanu vodu. Isperite u tekućoj vodi. Zakuhajte posudu s vodom, dodajte školjke i kuhajte nekoliko minuta dok se ne otvore. Ocijedite i bacite sve što je još zatvoreno. Školjke izvadite iz ljuski.

Zagrijte ulje i pržite klice graha 1 minutu. Dodajte papriku i vlasac te pržite 2 minute. Dodajte vino ili šeri i začinite solju i paprom. Zagrijte, zatim dodajte školjke i miješajte dok se dobro ne sjedine i zagriju. Prebacite na topli tanjur i poslužite poškropljeno sezamovim uljem i šunkom.

Sendvič s đumbirom i češnjakom

za 4 osobe

24 sendviča
15 ml / 1 žlica ulja od kikirikija
2 kriške nasjeckanog korijena đumbira
2 češnja češnjaka nasjeckana
15 ml / 1 žlica vode
5 ml / 1 žličica sezamovog ulja
sol i svježe mljeveni papar

Školjke dobro izmasirajte, a zatim ih nekoliko sati potopite u slanu vodu. Isperite u tekućoj vodi. Zagrijte ulje i pržite đumbir i češnjak 30 sekundi. Dodajte školjke, vodu i sezamovo ulje, poklopite i kuhajte oko 5 minuta dok se školjke ne otvore. Odbacite one koji su još zatvoreni. Lagano začinite solju i paprom i odmah poslužite.

pržene školjke

za 4 osobe

24 sendviča

60 ml / 4 žlice ulja od kikirikija

4 češnja češnjaka nasjeckana

1 kosani luk

2,5 ml / ¬Ω žličica soli

Školjke dobro izmasirajte, a zatim ih nekoliko sati potopite u slanu vodu. Isperite u tekućoj vodi i potom osušite. Zagrijte ulje i popržite češnjak, luk i sol dok ne porumene. Dodajte školjke, poklopite i kuhajte oko 5 minuta dok se sve školjke ne otvore. Odbacite one koji su još zatvoreni. Lagano pržiti još 1 minutu, poprskati uljem.

kolači od rakova

za 4 osobe

225 g klica graha

60 ml / 4 žlice ulja od kikirikija 100 g / 4 oz izdanaka bambusa, narezanih na trakice

1 kosani luk

225 g / 8 oz mesa rakova, u pahuljicama

4 lagano umućena jaja

15 ml / 1 žlica kukuruznog brašna (kukuruzni škrob)

30 ml / 2 žlice soja umaka

sol i svježe mljeveni papar

Klice graha blanširajte u kipućoj vodi 4 minute, zatim ocijedite. Zagrijte pola ulja i popržite klice graha, mladice bambusa i luk dok ne omekšaju. Maknite s vatre i pomiješajte s ostalim sastojcima, osim ulja. U čistoj tavi zagrijte preostalo ulje i pržite žlice smjese od rakova da napravite pogačice. Pržite dok lagano ne porumene s obje strane, a zatim poslužite.

krema od rakova

za 4 osobe

225 g / 8 oz mesa rakova
5 tučenih jaja
1 vlasac (luk) sitno narezan
250 ml / 8 tečnih oz / 1 šalica vode
5 ml / 1 žličica soli
5 ml / 1 žličica sezamovog ulja

Sve sastojke dobro promiješajte. Stavite u posudu, poklopite i stavite na kupku iznad vruće vode ili na parnu rešetku. Kuhajte na pari oko 35 minuta dok ne postane kremasto, povremeno miješajući. Poslužite s rižom.

Kinesko napuhano meso rakova

za 4 osobe

450 g / 1 lb kineskih listova, natrganih
45 ml / 3 žlice biljnog ulja
2 vlasca (mladi luk), nasjeckana
225 g / 8 oz mesa rakova
15 ml / 1 žlica sojinog umaka
15 ml / 1 žlica rižinog vina ili suhog šerija
5 ml / 1 žličica soli

Kinesko lišće blanširajte u kipućoj vodi 2 minute, zatim dobro isperite i isperite hladnom vodom. Zagrijte ulje i pržite vlasac dok ne postane svijetlo smeđ. Dodajte meso rakova i pržite 2 minute. Dodajte kinesko lišće i pržite 4 minute. Dodajte soja umak, vino ili sherry i sol te dobro promiješajte. Dodajte temeljac i kukuruznu krupicu, zakuhajte i kuhajte uz miješanje 2 minute dok umak ne posvijetli i ne zgusne se.

Foo Yung rak s klicama graha

za 4 osobe

6 tučenih jaja

45 ml / 3 žlice kukuruznog brašna (kukuruzni škrob)

225 g / 8 oz mesa rakova

100 g klica graha

2 glavice crvenog luka (posuda), sitno nasjeckane

2,5 ml / ¬Ω žličica soli

45 ml / 3 žlice kikiriki (kikiriki) ulja

Umutiti jaja pa dodati kukuruznu krupicu. Ostatak osim ulja izmiksati. Zagrijte ulje i polako sipajte smjesu u tavu kako biste napravili male palačinke širine oko 3 cm. Pržite dok ne poprimi zlatnu boju na dnu, zatim okrenite i zapecite drugu stranu.

Rakovica s đumbirom

za 4 osobe

15 ml / 1 žlica ulja od kikirikija
2 kriške nasjeckanog korijena đumbira
4 vlasca (mladi luk), nasjeckana
3 češnja češnjaka nasjeckana
1 nasjeckani crveni čili
350 g / 12 oz mesa rakova, u pahuljicama
2,5 ml / ½ žličica riblje paste
2,5 ml / ½ žličica sezamovog ulja
15 ml / 1 žlica rižinog vina ili suhog šerija
5 ml / 1 žličica kukuruznog brašna (kukuruzni škrob)
15 ml / 1 žlica vode

Zagrijte ulje i pržite đumbir, vlasac, češnjak i papar 2 minute. Dodajte meso rakova i miješajte dok se dobro ne prekrije začinima. Dodajte riblju pastu. Ostatak sastojaka pomiješajte u tijesto, zatim ih stavite u tavu i pržite 1 minutu. Poslužite odmah.

Rak Lo Mein

za 4 osobe

100 g klica graha
30 ml / 2 žlice ulja od kikirikija
5 ml / 1 žličica soli
1 kriška luka
100g / 4oz šampinjona, narezanih
225 g / 8 oz mesa rakova, u pahuljicama
100g / 4oz mladica bambusa, narezanih
prepečeni rezanci
30 ml / 2 žlice soja umaka
5 ml / 1 žličica šećera
5 ml / 1 žličica sezamovog ulja
sol i svježe mljeveni papar

Klice graha blanširajte u kipućoj vodi 5 minuta, zatim ocijedite. Zagrijte ulje i popržite sol i luk dok ne porumene. Dodajte gljive i pržite dok ne omekšaju. Dodajte meso rakova i pržite 2 minute. Dodajte klice graha i mladice bambusa i pržite 1 minutu. Dodajte ocijeđenu tjesteninu u tavu i lagano promiješajte. Pomiješajte sojin umak, šećer i sezamovo ulje te začinite solju i paprom. Miješajte u tavi dok se ne zagrije.

Prženi rak sa svinjetinom

za 4 osobe

30 ml / 2 žlice ulja od kikirikija
100 g / 4 oz mljevene svinjetine
350 g / 12 oz mesa rakova, u pahuljicama
2 kriške nasjeckanog korijena đumbira
2 jaja lagano umućena
15 ml / 1 žlica sojinog umaka
15 ml / 1 žlica rižinog vina ili suhog šerija
30 ml / 2 žlice vode
sol i svježe mljeveni papar
4 vlasca (mladi luk), narezana na trakice

Zagrijte ulje i pržite svinjetinu dok ne dobije svijetlu boju. Dodajte meso rakova i đumbir i pržite 1 minutu. Dodajte jaja. Dodajte sojin umak, vino ili šeri, vodu, sol i papar i kuhajte oko 4 minute uz miješanje. Poslužite ukrašeno vlascem.

Pohano meso rakova

za 4 osobe

30 ml / 2 žlice ulja od kikirikija
450 g / 1 lb mesa rakova, u pahuljicama
2 vlasca (mladi luk), nasjeckana
2 kriške nasjeckanog korijena đumbira
30 ml / 2 žlice soja umaka
30 ml / 2 žlice rižinog vina ili suhog šerija
2,5 ml / ¬Ω žličica soli
15 ml / 1 žlica kukuruznog brašna (kukuruzni škrob)
60 ml / 4 žlice vode

Zagrijte ulje i pržite meso rakova, vlasac i đumbir 1 minutu. Dodajte soja umak, vino ili šeri i sol, poklopite i kuhajte 3 minute. Pomiješajte kukuruzno brašno i vodu u pastu, umiješajte u tavi i kuhajte, miješajući, dok umak ne postane bistar i gust.

pržene okruglice od lignji

za 4 osobe

450 g / 1 funta lignji
50 g svinjske masti, izmrvljene
1 bjelanjak
2,5 ml / ¬Ω žličica šećera
2,5 ml / ¬Ω žličica kukuruznog škroba (kukuruzni škrob)
sol i svježe mljeveni papar
ulje za prženje

Lignje izrežite i zgnječite ili pretvorite u pastu. Pomiješajte sa svinjskom mašću, bjelanjkom, šećerom i kukuruznim škrobom te začinite solju i paprom. Smjesu utisnite u kuglice. Zagrijte ulje i po potrebi malo po malo pecite okruglice lignji dok ne izrastu na površinu ulja i porumene. Dobro ocijedite i odmah poslužite.

kantonski jastog

za 4 osobe

2 jastoga

30 ml / 2 žlice ulja

15 ml / 1 žlica umaka od crnog graha

1 protisnuti češanj češnjaka

1 kosani luk

225 g / 8 oz mljevene svinjetine (mljevene)

45 ml / 3 žlice soja umaka

5 ml / 1 žličica šećera

sol i svježe mljeveni papar

15 ml / 1 žlica kukuruznog brašna (kukuruzni škrob)

75 ml / 5 žlica vode

1 umućeno jaje

Jastoga odmrznite, izvadite meso i narežite na kockice veličine 2,5 cm. Zagrijte ulje i popržite umak od crnog graha, češnjaka i luka do svijetlo smeđe boje. Dodajte svinjetinu i pržite dok ne porumeni. Dodajte soja umak, šećer, sol, papar i jastoga, poklopite i kuhajte oko 10 minuta. Pomiješajte kukuruzno brašno i vodu u pastu, umiješajte u tavi i kuhajte, miješajući, dok umak ne posvijetli i zgusne se. Ugasite vatru i dodajte jaje prije posluživanja.

prženi jastog

za 4 osobe

450 g / 1 funta mesa jastoga
30 ml / 2 žlice soja umaka
5 ml / 1 žličica šećera
1 umućeno jaje
30 ml / 3 žlice višenamjenskog brašna
ulje za prženje

Meso jastoga narežite na kockice veličine 2,5 cm/1 i pomiješajte sa soja umakom i šećerom. Ostavite 15 minuta i zatim ocijedite. Umutite jaje i brašno pa dodajte jastoga i dobro promiješajte. Zagrijte ulje i pržite jastoga dok ne porumeni. Prije posluživanja ocijedite na kuhinjskom papiru.

Jastog kuhan na pari sa šunkom

za 4 osobe

4 lagano umućena jaja
60 ml / 4 žlice vode
5 ml / 1 žličica soli
15 ml / 1 žlica sojinog umaka
450 g / 1 lb mesa jastoga, pahuljice
15 ml / 1 žlica nasjeckane pršute
15 ml / 1 žlica nasjeckanog svježeg peršina

Umutiti jaja s vodom, soli i soja umakom. Izlijte u vatrostalnu posudu i pospite meso jastoga. Zdjelu stavite na rešetku u parnu kupelj, poklopite i kuhajte na pari 20 minuta dok se jaja ne stvrdnu. Poslužite ukrašeno šunkom i peršinom.

Jastog s gljivama

za 4 osobe

450 g / 1 funta mesa jastoga

15 ml / 1 žlica kukuruznog brašna (kukuruzni škrob)

60 ml / 4 žlice vode

30 ml / 2 žlice ulja od kikirikija

4 vlasca (mladi luk), deblje narezana

100g / 4oz šampinjona, narezanih

2,5 ml / ¬Ω žličica soli

1 protisnuti češanj češnjaka

30 ml / 2 žlice soja umaka

15 ml / 1 žlica rižinog vina ili suhog šerija

Meso jastoga narežite na kockice veličine 2,5 cm. Pomiješajte kukuruzno brašno i vodu u pastu i ubacite kockice jastoga u smjesu za premazivanje. Zagrijte pola ulja i popržite kockice jastoga dok lagano ne porumene pa ih izvadite iz tave. Ostatak ulja zagrijte i popržite mladi luk da svijetlo smeđe. Dodajte gljive i pržite ih 3 minute. Dodajte sol, češnjak, soja umak i vino ili sherry te pržite 2 minute. Vratite jastoga u tavu i pržite dok ne bude kuhan.

Repovi jastoga sa svinjetinom

za 4 osobe

3 sušene kineske gljive
4 repa jastoga
60 ml / 4 žlice ulja od kikirikija
100 g / 4 oz mljevene svinjetine
50 g / 2 oz vodenog kestena, sitno nasjeckanog
sol i svježe mljeveni papar
2 češnja češnjaka nasjeckana
45 ml / 3 žlice soja umaka
30 ml / 2 žlice rižinog vina ili suhog šerija
30 ml / 2 žlice umaka od crnog graha
10 ml / 2 žlice kukuruznog brašna (kukuruzni škrob)
120 ml / 4 fl oz / ¬Ω šalice vode

Gljive namočite u toploj vodi 30 minuta, zatim ocijedite. Odbacite peteljke i nasjeckajte vrhove. Repove jastoga prepolovite po dužini. Izvadite meso iz repova jastoga, a ljuske sačuvajte. Zagrijte pola ulja i pržite svinjetinu dok ne dobije svijetlu boju. Maknite s vatre i umiješajte gljive, meso jastoga, vodeni kesten, sol i papar. Utisnite meso natrag u oklope jastoga i stavite na lim za pečenje. Stavite na rešetku u posudu za kuhanje na pari, poklopite i kuhajte na pari oko 20 minuta dok se ne skuha. U međuvremenu zagrijte preostalo ulje i pržite češnjak, sojin umak, vino ili šeri i umak od crnog graha 2 minute. Kukuruzno brašno i vodu pomiješajte dok ne dobijete pastu, stavite je u tavu i kuhajte uz miješanje dok se umak ne zgusne. Složite jastoga na ringlu,

prženi jastog

za 4 osobe

450 g / 1 funta repova jastoga
30 ml / 2 žlice ulja od kikirikija
1 protisnuti češanj češnjaka
2,5 ml / ¬Ω žličica soli
350 g / 12 oz klica graha
50g / 2oz gljiva
4 vlasca (mladi luk), deblje narezana
150 ml / ¬° pt / velika ¬Ω šalica pilećeg temeljca
15 ml / 1 žlica kukuruznog brašna (kukuruzni škrob)

Zakuhajte lonac vode, dodajte repove jastoga i kuhajte 1 minutu. Ocijedite, ohladite, skinite kožicu i narežite na deblje ploške. Zagrijte ulje s češnjakom i soli te pržite dok češnjak lagano ne porumeni. Dodajte jastoga i pržite 1 minutu. Dodajte klice graha i gljive te pržite 1 minutu. Dodajte vlasac. Dodajte veći dio temeljca, zakuhajte, poklopite i kuhajte 3 minute. Kukuruzno brašno pomiješajte s ostatkom temeljca, umiješajte u tavu i kuhajte uz miješanje dok umak ne postane svijetli i gust.

gnijezdo jastoga

za 4 osobe

30 ml / 2 žlice ulja od kikirikija

5 ml / 1 žličica soli

1 glavica luka sitno nasjeckana

100g / 4oz šampinjona, narezanih

100g/4oz mladica bambusa, narezanih na ploške 225g/8oz

kuhanog mesa jastoga

15 ml / 1 žlica rižinog vina ili suhog šerija

120 ml / 4 fl oz / ¬Ω šalice pilećeg temeljca

prstohvat svježe mljevenog papra

10 ml / 2 žličice kukuruznog brašna (kukuruzni škrob)

15 ml / 1 žlica vode

4 košarice za rezance

Zagrijte ulje i popržite sol i luk dok ne porumene. Dodajte gljive i mladice bambusa i pržite 2 minute. Dodajte meso jastoga, vino ili sherry i temeljac, zakuhajte, poklopite i kuhajte 2 minute. Začinite paprom. Pomiješajte kukuruznu krupicu i vodu u pastu, umiješajte u tavu i kuhajte miješajući dok se umak ne zgusne. Gnijezda rezanaca posložite na vruću ploču i na njih stavite prženog jastoga.

Dagnje u umaku od crnog graha

za 4 osobe

45 ml / 3 žlice kikiriki (kikiriki) ulja
2 češnja češnjaka nasjeckana
2 kriške nasjeckanog korijena đumbira
30 ml / 2 žlice umaka od crnog graha
15 ml / 1 žlica sojinog umaka
1,5 kg / 3 lb dagnji, opranih i bradatih
2 vlasca (mladi luk), nasjeckana

Zagrijte ulje i pržite češnjak i đumbir 30 sekundi. Dodajte umak od crnog graha i sojin umak i miješajući pržite 10 sekundi. Dodajte dagnje, poklopite i kuhajte oko 6 minuta dok se dagnje ne otvore. Odbacite one koji su još zatvoreni. Prebacite na topli tanjur i poslužite posuto vlascem.

Dagnje s đumbirom

za 4 osobe

45 ml / 3 žlice kikiriki (kikiriki) ulja

2 češnja češnjaka nasjeckana
4 kriške nasjeckanog korijena đumbira
1,5 kg / 3 lb dagnji, opranih i bradatih
45 ml / 3 žlice vode
15 ml / 1 žlica umaka od kamenica

Zagrijte ulje i pržite češnjak i đumbir 30 sekundi. Dodajte dagnje i vodu, poklopite i kuhajte oko 6 minuta dok se dagnje ne otvore. Odbacite one koji su još zatvoreni. Prebacite na topli tanjur i poslužite poškropljeno umakom od kamenica.

dagnje kuhane na pari

za 4 osobe

1,5 kg / 3 lb dagnji, opranih i bradatih
45 ml / 3 žlice soja umaka
3 mlada luka (posuda), sitno nasjeckana

Dagnje stavite na rešetku u aparatu za kuhanje na pari, poklopite i kuhajte na pari u kipućoj vodi oko 10 minuta dok se sve dagnje ne otvore. Odbacite one koji su još zatvoreni. Prebacite na topli tanjur i poslužite posuto soja umakom i vlascem.

pržene kamenice

za 4 osobe

24 kamenice sa ljuskom
sol i svježe mljeveni papar
1 umućeno jaje
50 g / 2 oz / ¬Ω šalica višenamjenskog brašna
250 ml / 8 tečnih oz / 1 šalica vode
ulje za prženje
4 vlasca (mladi luk), nasjeckana

Kamenice pospite solju i paprom. Umutite jaje s brašnom i vodom da dobijete tijesto i njime pokrijte kamenice. Zagrijte ulje i pržite kamenice dok ne porumene. Ocijedite na kuhinjskom papiru i poslužite ukrašeno vlascem.

kamenice sa slaninom

za 4 osobe

175g / 6oz slanine
24 kamenice sa ljuskom

1 jaje, lagano tučeno
15 ml / 1 žlica vode
45 ml / 3 žlice kikiriki (kikiriki) ulja
2 kosana luka
15 ml / 1 žlica kukuruznog brašna (kukuruzni škrob)
15 ml / 1 žlica sojinog umaka
90 ml / 6 žlica pilećeg temeljca

Slaninu narežite na komade i omotajte komad oko svake kamenice. Umutite jaje s vodom i umočite ga u kamenice da se premažu. Zagrijte pola ulja i pržite kamenice dok ne porumene s obje strane, izvadite ih iz tave i ocijedite od masnoće. Zagrijte preostalo ulje i popržite luk dok ne omekša. Pomiješajte kukuruzno brašno, sojin umak i juhu dok ne nastane pasta, ulijte u tavu i kuhajte, miješajući, dok umak ne postane bistar i gust. Prelijte preko kamenica i odmah poslužite.

Pržene kamenice s đumbirom

za 4 osobe
24 kamenice sa ljuskom
2 kriške nasjeckanog korijena đumbira
30 ml / 2 žlice soja umaka

15 ml / 1 žlica rižinog vina ili suhog šerija
4 vlasca (mladi luk), narezana na trakice
100 g slanine
1 jaje
50 g / 2 oz / ¬Ω šalica višenamjenskog brašna
sol i svježe mljeveni papar
ulje za prženje
1 limun narezan na kriške

Stavite kamenice u zdjelu s đumbirom, soja umakom i vinom ili šerijem i dobro promiješajte. Pustite da odstoji 30 minuta. Na vrh svake kamenice stavite nekoliko trakica vlasca. Slaninu narežite na komade i omotajte komad oko svake kamenice. Tucite jaje i brašno dok ne dobijete tijesto te začinite solju i paprom. Umočite kamenice u tijesto dok se dobro ne prekriju. Zagrijte ulje i pržite kamenice dok ne porumene. Poslužite ukrašeno kriškama limuna.

Kamenice s umakom od crnog graha

za 4 osobe
350 g / 12 oz oljuštenih kamenica
120 ml / 4 fl oz / ¬Ω šalice ulja od kikirikija (kikiriki)
2 češnja češnjaka nasjeckana
3 mlada luka, narezana na ploške
15 ml / 1 žlica umaka od crnog graha

30 ml / 2 žlice tamnog soja umaka
15 ml / 1 žlica sezamovog ulja
prstohvat čilija u prahu

Kamenice blanširajte u kipućoj vodi 30 sekundi, zatim ocijedite. Zagrijte ulje i pržite češnjak i vlasac 30 sekundi. Dodajte umak od crnog graha, soja umak, sezamovo ulje i kamenice te začinite po želji čilijem u prahu. Pržite dok se jako ne zagrije i odmah poslužite.

Jakobove kapice s mladicama bambusa

za 4 osobe

60 ml / 4 žlice ulja od kikirikija
6 vlasaca (mladi luk), nasjeckanih
225 g / 8 oz gljiva, na četvrtine
15 ml / 1 žlica šećera
450 g / 1 funta oljuštenih jakobovih kapica
2 kriške nasjeckanog korijena đumbira

225 g izdanaka bambusa, narezanih na kriške
sol i svježe mljeveni papar
300 ml / ¬Ω en / 1 ¬° čaše vode
30 ml / 2 žlice vinskog octa
30 ml / 2 žlice kukuruznog brašna (kukuruzni škrob)
150 ml / ¬° pt / velika ¬Ω šalica vode
45 ml / 3 žlice soja umaka

Zagrijte ulje i pržite luk i gljive 2 minute. Dodajte šećer, jakobove kapice, đumbir, mladice bambusa, sol i papar, poklopite i kuhajte 5 minuta. Dodajte vodu i ocat, zakuhajte, poklopite i kuhajte 5 minuta. Pomiješajte kukuruznu krupicu i vodu u pastu, umiješajte u tavu i kuhajte miješajući dok se umak ne zgusne. Začinite soja umakom i poslužite.

jakobove kapice s jajetom

za 4 osobe

45 ml / 3 žlice kikiriki (kikiriki) ulja
350 g / 12 oz oljuštenih jakobovih kapica
25 g / 1 oz dimljene šunke, nasjeckane
30 ml / 2 žlice rižinog vina ili suhog šerija
5 ml / 1 žličica šećera
2,5 ml / ¬Ω žličica soli
prstohvat svježe mljevenog papra
2 jaja lagano umućena
15 ml / 1 žlica sojinog umaka

Zagrijte ulje i pržite jakobove kapice 30 sekundi. Dodajte šunku i pržite 1 minutu. Dodajte vino ili šeri, šećer, sol i papar i pržite 1 minutu. Dodajte jaja i lagano miješajte na jakoj vatri dok sastojci ne budu dobro obloženi jajetom. Poslužite poškropljeno soja umakom.

jakobove kapice s brokulom

za 4 osobe

350 g jakobovih kapica, narezanih na kriške
3 kriške nasjeckanog korijena đumbira
½ mala mrkva, narezana na ploške
1 protisnuti češanj češnjaka
45 ml / 3 žlice glatkog brašna (za sve namjene)
2,5 ml / ½ žličica sode bikarbone (soda bikarbona)
30 ml / 2 žlice ulja od kikirikija
15 ml / 1 žlica vode
1 kriška banane
ulje za prženje
275 g / 10 oz brokule
sol
5 ml / 1 žličica sezamovog ulja
2,5 ml / ½ žličica čili umaka
2,5 ml / ½ čajna žličica vinskog octa
2,5 ml / ½ žličica paste od rajčice (pasta)

Jakobove kapice pomiješajte s đumbirom, mrkvom i češnjakom i ostavite da odstoji. Pomiješajte brašno, sodu bikarbonu, 15 ml/1 žlicu ulja i vodu u pastu i njome premažite kriške banane. Zagrijte ulje i ispecite banane dok ne porumene, zatim ih ocijedite i rasporedite po ringli. U međuvremenu skuhajte brokulu u kipućoj slanoj vodi dok ne omekša, ocijedite. Ostatak ulja zagrijte sa sezamovim uljem i kratko popržite brokulu pa je rasporedite oko tanjura s bananama. U tavu dodajte umak od čilija, ocat i pastu od rajčice i pržite jakobove kapice dok ne budu kuhane. Stavite na tanjur i odmah poslužite.

Jakobove kapice s đumbirom

za 4 osobe

45 ml / 3 žlice kikiriki (kikiriki) ulja
2,5 ml / ¬Ω žličica soli
3 kriške nasjeckanog korijena đumbira
2 glavice crvenog luka (zdjelica), narezane na deblje
450 g / 1 lb jakobovih kapica bez ljuske, prepolovljenih
15 ml / 1 žlica kukuruznog brašna (kukuruzni škrob)
60 ml / 4 žlice vode

Zagrijte ulje i pržite sol i đumbir 30 sekundi. Dodajte vlasac i pržite do svijetlo smeđe boje. Dodajte jakobove kapice i pržite 3 minute. Kukuruzno brašno i vodu pomiješajte u pastu, dodajte u tavu i kuhajte na laganoj vatri uz miješanje dok se ne zgusne. Poslužite odmah.

Jakobove kapice sa šunkom

za 4 osobe

450 g / 1 lb jakobovih kapica bez ljuske, prepolovljenih

250 ml / 1 šalica rižinog vina ili suhog šerija
1 glavica luka sitno nasjeckana
2 kriške nasjeckanog korijena đumbira
2,5 ml / ½ žličica soli
100 g / 4 oz dimljene šunke, nasjeckane

Stavite jakobove kapice u zdjelu i dodajte vino ili šeri. Pokrijte i marinirajte 30 minuta, povremeno okrećući, zatim ocijedite jakobove kapice i bacite marinadu. Jakobove kapice stavite u lim za pečenje s ostalim sastojcima. Posudu stavite na rešetku u kuhalu za kuhanje na pari, poklopite i kuhajte na pari u kipućoj vodi oko 6 minuta dok jakobove kapice ne omekšaju.

Kajgana s jakobovim kapicama i začinskim biljem

za 4 osobe

225 g jakobovih kapica bez ljuske
30 ml / 2 žlice nasjeckanog svježeg korijandera
4 razmućena jaja

15 ml / 1 žlica rižinog vina ili suhog šerija
sol i svježe mljeveni papar
15 ml / 1 žlica ulja od kikirikija

Jakobove kapice stavite u posudu za kuhanje na pari i kuhajte na pari oko 3 minute dok nisu posve kuhane, ovisno o veličini. Maknite s kuhala na pari i pospite korijanderom. Umutite jaja s vinom ili šerijem i začinite solju i paprom. Dodajte jakobove kapice i cilantro. Zagrijte ulje i pržite smjesu jaja i jakobove kapice uz stalno miješanje dok se jaja ne stegne. Poslužite odmah.

Jakobove kapice i prženi luk

za 4 osobe

45 ml / 3 žlice kikiriki (kikiriki) ulja
1 kriška luka
450g/1lb jakobovih kapica narezanih na četvrtine

sol i svježe mljeveni papar

15 ml / 1 žlica rižinog vina ili suhog šerija

Zagrijte ulje i pržite luk dok ne uvene. Dodajte jakobove kapice i pržite do svijetlo smeđe boje. Posolite i popaprite, poškropite vinom ili šerijem i odmah poslužite.

Jakobove kapice s povrćem

za 4'6

4 sušene kineske gljive

2 luka

30 ml / 2 žlice ulja od kikirikija

3 stabljike celera, izrezane ukoso

225 g/8 oz zelenog graha, narezanog dijagonalno

10 ml / 2 žličice naribanog korijena đumbira

1 protisnuti češanj češnjaka

20 ml / 4 žličice kukuruznog brašna (kukuruzni škrob)

250 ml / 8 tečnih oz / 1 šalica pilećeg temeljca

30 ml / 2 žlice rižinog vina ili suhog šerija

30 ml / 2 žlice soja umaka

450g/1lb jakobovih kapica narezanih na četvrtine

6 vlasaca (mladi luk), narezanih na ploške

425 g / 15 oz konzerviranog kukuruza u klipu

Gljive namočite u toploj vodi 30 minuta, zatim ocijedite. Bacite peteljke i odrežite vrhove. Luk narežite na kriške i odvojite slojeve. Zagrijte ulje i pržite luk, celer, grah, đumbir i češnjak 3 minute. Kukuruzno brašno pomiješajte s malo temeljca pa pomiješajte s ostatkom temeljca, vinom ili šerijem i sojinim umakom. Dodajte u wok i pustite da zavrije, miješajući. Dodajte gljive, jakobove kapice, luk i kukuruz i pržite oko 5 minuta dok jakobove kapice ne omekšaju.

Jakobove kapice s paprikom

za 4 osobe

30 ml / 2 žlice ulja od kikirikija
3 vlasca (mladi luk), nasjeckana
1 protisnuti češanj češnjaka
2 kriške nasjeckanog korijena đumbira
2 crvene paprike, narezane na kockice
450 g / 1 funta oljuštenih jakobovih kapica
30 ml / 2 žlice rižinog vina ili suhog šerija
15 ml / 1 žlica sojinog umaka
15 ml / 1 žlica umaka od žutog graha
5 ml / 1 žličica šećera
5 ml / 1 žličica sezamovog ulja

Zagrijte ulje i pržite vlasac, češnjak i đumbir 30 sekundi. Dodajte papriku i pržite 1 minutu. Dodajte jakobove kapice i kuhajte 30 sekundi, zatim dodajte preostali temeljac i kuhajte oko 3 minute dok jakobove kapice ne omekšaju.

Lignje s klicama graha

za 4 osobe

450 g / 1 funta lignji
30 ml / 2 žlice ulja od kikirikija
15 ml / 1 žlica rižinog vina ili suhog šerija
100 g klica graha
15 ml / 1 žlica sojinog umaka
sol
1 crvena paprika, naribana
2 kriške korijena đumbira, naribanog
2 vlasca (mladi luk), naribana

Lignji izvadite glavu, utrobu i opnu te je narežite na veće komade. Na svakom dijelu izrežite križni uzorak. Zakuhajte vodu, dodajte lignje i kuhajte na laganoj vatri dok se komadi ne zarolaju, izvadite i ocijedite. Zagrijte pola ulja i na brzinu popržite lignje. Pospite vinom ili šerijem. U međuvremenu zagrijte preostalo ulje i popržite klice graha dok ne omekšaju. Začinite soja umakom i soli. Rasporedite paprike, đumbir i vlasac oko tanjura za posluživanje. Složite klice graha u sredinu i na vrh stavite lignje. Poslužite odmah.

pržene lignje

za 4 osobe

50 g / 2 oz višenamjenskog brašna

25 g / 1 oz / ¬° šalice kukuruznog škroba (kukuruzni škrob)

2,5 ml / ¬Ω žličica praška za pecivo

2,5 ml / ¬Ω žličica soli

1 jaje

75 ml / 5 žlica vode

15 ml / 1 žlica ulja od kikirikija

450 g / 1 funta lignji, narezanih na kolutove

ulje za prženje

Pomiješajte brašno, kukuruzni škrob, kvasac, sol, jaje, vodu i ulje u tijesto. Umočite lignje u tijesto dok se dobro ne prekriju. Zagrijte ulje i pržite lignje komad po komad dok ne porumene. Prije posluživanja ocijedite na kuhinjskom papiru.

paketići lignji

za 4 osobe

8 suhih kineskih gljiva

450 g / 1 funta lignji

100g/4oz dimljene šunke

100 g / 4 oz tofua

1 umućeno jaje

15 ml / 1 žlica višenamjenskog brašna

2,5 ml / ½ žličica šećera

2,5 ml / ½ žličica sezamovog ulja

sol i svježe mljeveni papar

8 wonton skinova

ulje za prženje

Gljive namočite u toploj vodi 30 minuta, zatim ocijedite. Bacite peteljke. Lignje izrežite i narežite na 8 komada. Šunku i tofu narežite na 8 komada. Stavite ih sve u zdjelu. Pomiješajte jaje s brašnom, šećerom, sezamovim uljem, soli i paprom. Ulijte sastojke u zdjelu i lagano promiješajte. Stavite klobuk gljive i komade lignji, šunke i tofua točno ispod sredine svake školjke wontona. Presavijte u donjem kutu, preklopite sa strane i zarolajte, namočite rubove vodom da se zatvore. Zagrijte ulje i pržite komade oko 8 minuta dok ne porumene. Dobro ocijedite prije posluživanja.

pržene rolice od lignji

za 4 osobe

45 ml / 3 žlice kikiriki (kikiriki) ulja

225 g / 8 oz kolutića lignje

1 velika zelena paprika, narezana na komade

100g / 4oz mladica bambusa, narezanih

2 glavice crvenog luka (posuda), sitno nasjeckane

1 kriška korijena đumbira, sitno nasjeckanog

45 ml / 2 žlice soja umaka

30 ml / 2 žlice rižinog vina ili suhog šerija

15 ml / 1 žlica kukuruznog brašna (kukuruzni škrob)

15 ml / 1 žlica ribljeg temeljca ili vode

5 ml / 1 žličica šećera

5 ml / 1 žličica vinskog octa

5 ml / 1 žličica sezamovog ulja

sol i svježe mljeveni papar

Zagrijte 15 ml / 1 žlicu ulja i na brzinu popržite lignje dok se dobro ne zatvore. Za to vrijeme u posebnoj tavi zagrijte ostatak ulja i pržite paprike, mladice bambusa, luk i đumbir 2 minute. Dodajte lignje i pržite 1 minutu. Dodajte soja umak, vino ili šeri, kukuruznu krupicu, temeljac, šećer, ocat i sezamovo ulje te začinite solju i paprom. Pržite dok se umak ne izbistri i zgusne.

Pržene lignje

za 4 osobe

45 ml / 3 žlice kikiriki (kikiriki) ulja
3 mlada luka (zdjelica), debelo narezana
2 kriške nasjeckanog korijena đumbira
450 g / 1 funta lignji, narezanih na komade
15 ml / 1 žlica sojinog umaka
15 ml / 1 žlica rižinog vina ili suhog šerija
5 ml / 1 žličica kukuruznog brašna (kukuruzni škrob)
15 ml / 1 žlica vode

Zagrijte ulje i popržite vlasac i đumbir dok ne omekšaju. Dodati lignje i pržiti dok ne budu prekrivene uljem. Dodajte soja umak i vino ili šeri, poklopite i kuhajte 2 minute. Pomiješajte kukuruzno brašno i vodu dok ne dobijete pastu, dodajte u tavu i kuhajte na laganoj vatri uz miješanje dok se umak ne zgusne i lignje ne omekšaju.

Lignje sa suhim gljivama

za 4 osobe

50 g / 2 oz sušenih kineskih gljiva

450 g / 1 funta kolutića lignji

45 ml / 3 žlice kikiriki (kikiriki) ulja

45 ml / 3 žlice soja umaka

2 glavice crvenog luka (posuda), sitno nasjeckane

1 kriška korijena đumbira, nasjeckana

225 g mladica bambusa, narezanih na trakice

30 ml / 2 žlice kukuruznog brašna (kukuruzni škrob)

150 ml / ¬° pt / izdašna ¬Ω šalica ribljeg temeljca

Gljive namočite u toploj vodi 30 minuta, zatim ocijedite. Bacite peteljke i odrežite vrhove. Lignje blanširajte nekoliko sekundi u kipućoj vodi. Zagrijte ulje, dodajte gljive, soja umak, ljutiku i đumbir te pržite 2 minute. Dodajte lignje i izdanke bambusa i pržite 2 minute. Pomiješajte kukuruznu krupicu i juhu i promiješajte u tavi. Kuhajte na laganoj vatri uz miješanje dok umak ne posvijetli i ne zgusne se.

Lignje s povrćem

za 4 osobe

45 ml / 3 žlice kikiriki (kikiriki) ulja

1 kriška luka

5 ml / 1 žličica soli

450 g / 1 funta lignji, narezanih na komade

100g / 4oz mladica bambusa, narezanih

2 stabljike celera, izrezane ukoso

60 ml / 4 žlice pilećeg temeljca

5 ml / 1 žličica šećera

100 g / 4 unce graška šećera

5 ml / 1 žličica kukuruznog brašna (kukuruzni škrob)

15 ml / 1 žlica vode

Zagrijte ulje i popržite luk i sol dok lagano ne porumene. Dodajte lignje i pržite dok se ne okupaju uljem. Dodajte mladice bambusa i celer i pržite 3 minute. Dodajte temeljac i šećer, zakuhajte, poklopite i kuhajte 3 minute dok povrće ne omekša. Dodajte kupus. Pomiješajte kukuruznu krupicu i vodu u pastu, umiješajte u tavu i kuhajte miješajući dok se umak ne zgusne.

Kuhano meso s anisom

za 4 osobe

30 ml / 2 žlice ulja od kikirikija

450 g / 1 lb filet odreska

1 protisnuti češanj češnjaka

45 ml / 3 žlice soja umaka
15 ml / 1 žlica vode
15 ml / 1 žlica rižinog vina ili suhog šerija
5 ml / 1 žličica soli
5 ml / 1 žličica šećera
2 češnja anisa

Zagrijte ulje i pržite meso dok ne porumeni sa svih strana. Dodati ostale sastojke, prokuhati, poklopiti i kuhati oko 45 minuta, zatim okrenuti meso, dodati još malo vode i sojinog umaka ako se meso suši. Kuhajte još 45 minuta dok meso ne omekša. Bacite zvjezdasti anis prije posluživanja.

Teletina sa šparogama

za 4 osobe

450 g / 1 funta fileta mignona, narezanog na kockice
30 ml / 2 žlice soja umaka
30 ml / 2 žlice rižinog vina ili suhog šerija
45 ml / 3 žlice kukuruznog brašna (kukuruzni škrob)
45 ml / 3 žlice kikiriki (kikiriki) ulja
5 ml / 1 žličica soli
1 protisnuti češanj češnjaka
350 g / 12 oz šparoga
120 ml / 4 fl oz / ¬Ω šalice pilećeg temeljca
15 ml / 1 žlica sojinog umaka

Odrezak stavite u zdjelu. Pomiješajte soja umak, vino ili šeri i 30 ml/2 žlice kukuruzne krupice, prelijte preko filea i dobro promiješajte. Ostavite da se marinira 30 minuta. Zagrijte ulje sa solju i češnjakom i pržite dok češnjak lagano ne porumeni. Dodajte meso i marinadu te pržite 4 minute. Dodajte šparoge i lagano pržite 2 minute. Dodajte temeljac i sojin umak, zakuhajte i kuhajte uz miješanje 3 minute dok se meso ne skuha. Ostatak kukuruzne krupice pomiješajte s još malo vode ili temeljca i umiješajte u umak. Kuhajte na laganoj vatri uz miješanje nekoliko minuta dok umak ne posvijetli i zgusne se.

Meso s mladicama bambusa

za 4 osobe

45 ml / 3 žlice kikiriki (kikiriki) ulja
1 protisnuti češanj češnjaka
1 vlasac (luk), nasjeckan
1 kriška korijena đumbira, nasjeckana
225 g / 8 oz nemasne govedine, narezane na trakice
100g / 4oz izdanaka bambusa
45 ml / 3 žlice soja umaka
15 ml / 1 žlica rižinog vina ili suhog šerija
5 ml / 1 žličica kukuruznog brašna (kukuruzni škrob)

Zagrijte ulje i popržite češnjak, vlasac i đumbir dok ne postanu svijetlo smeđi. Dodajte meso i pržite 4 minute dok lagano ne porumeni. Dodajte mladice bambusa i pržite 3 minute. Dodajte soja umak, vino ili šeri i kukuruzni škrob i pržite 4 minute.

Meso s mladicama bambusa i gljivama

za 4 osobe

225 g / 8 oz nemasnog mesa

45 ml / 3 žlice kikiriki (kikiriki) ulja

1 kriška korijena đumbira, nasjeckana

100g / 4oz mladica bambusa, narezanih

100g / 4oz šampinjona, narezanih

45 ml / 3 žlice rižinog vina ili suhog šerija

5 ml / 1 žličica šećera

10 ml / 2 žličice sojinog umaka

sol i papar

120 ml / 4 fl oz / ¬Ω šalice goveđeg temeljca

15 ml / 1 žlica kukuruznog brašna (kukuruzni škrob)

30 ml / 2 žlice vode

Meso narežite na tanke ploške naspram zrna. Zagrijte ulje i pržite đumbir nekoliko sekundi. Dodajte meso i pržite dok ne porumeni. Dodajte izdanke bambusa i gljive te pržite 1 minutu. Dodajte vino ili šeri, šećer i sojin umak te začinite solju i paprom. Dodajte temeljac, zakuhajte, poklopite i kuhajte 3 minute. Pomiješajte kukuruznu krupicu i vodu, umiješajte u tavu i kuhajte uz miješanje dok se umak ne zgusne.

Kineska pečena govedina

za 4 osobe

45 ml / 3 žlice kikiriki (kikiriki) ulja
900 g/2 lb pečenog odreska
1 vlasac (luk), narezan na ploške
1 mljeveni češanj češnjaka
1 kriška korijena đumbira, nasjeckana
60 ml / 4 žlice soja umaka
30 ml / 2 žlice rižinog vina ili suhog šerija
5 ml / 1 žličica šećera
5 ml / 1 žličica soli
prstohvat papra
750 ml / 1. točka / 3 šalice kipuće vode

Zagrijte ulje i brzo popržite meso sa svih strana. Dodajte vlasac, češnjak, đumbir, sojin umak, vino ili šeri, šećer, sol i papar. Zakuhajte, promiješajte. Dodajte kipuću vodu, ponovno zakuhajte, promiješajte, poklopite i kuhajte oko 2 sata dok meso ne omekša.

Meso klica graha

za 4 osobe

450 g / 1 lb nemasne govedine, narezane na kriške

1 bjelanjak

30 ml / 2 žlice ulja od kikirikija

15 ml / 1 žlica kukuruznog brašna (kukuruzni škrob)

15 ml / 1 žlica sojinog umaka

100 g klica graha

25 g/1 oz kiselog kupusa, nasjeckanog

1 crvena paprika, naribana

2 vlasca (mladi luk), naribana

2 kriške korijena đumbira, naribanog

sol

5 ml / 1 žličica umaka od kamenica

5 ml / 1 žličica sezamovog ulja

Meso pomiješajte s bjelanjkom, polovicom ulja, kukuruznim škrobom i sojinim umakom te ostavite 30 minuta. Klice graha blanširajte u kipućoj vodi oko 8 minuta dok gotovo ne omekšaju, a zatim ih isperite. Zagrijte preostalo ulje i pržite meso dok lagano ne porumeni, izvadite iz tave. Dodajte kiseli kupus, čili papričice, đumbir, sol, umak od kamenica i sezamovo ulje te pržite 2 minute. Dodajte klice graha i pržite 2 minute. Vratiti meso u tavu i pržiti dok se dobro ne sjedini i zagrije. Poslužite odmah.

Govedina s brokulom

za 4 osobe

450 g / 1 funta fileta mignona, tanko narezanog
30 ml / 2 žlice kukuruznog brašna (kukuruzni škrob)
15 ml / 1 žlica rižinog vina ili suhog šerija
15 ml / 1 žlica sojinog umaka
30 ml / 2 žlice ulja od kikirikija
5 ml / 1 žličica soli
1 protisnuti češanj češnjaka
225 g brokule
150 ml / ¬° pt / izdašna ¬Ω šalica goveđeg temeljca

Odrezak stavite u zdjelu. Pomiješajte 15 ml / 1 žlicu kukuruzne krupice s vinom ili šerijem i sojinim umakom, dodajte mesu i ostavite da se marinira 30 minuta. Zagrijte ulje sa solju i češnjakom i pržite dok češnjak lagano ne porumeni. Dodajte odrezak i marinadu te pržite 4 minute. Dodajte brokulu i pržite 3 minute. Dodajte temeljac, pustite da zavrije, poklopite i kuhajte 5 minuta dok brokula ne postane mekana, ali još uvijek hrskava. Ostatak kukuruzne krupice pomiješajte s malo vode i umiješajte u umak. Kuhajte na laganoj vatri, miješajući dok umak ne postane svijetli i gust.

Meso sa sezamom i brokulom

za 4 osobe

150g/5oz nemasne govedine, tanko narezane
2,5 ml / ¬Ω žličice umaka od kamenica
5 ml / 1 žličica kukuruznog brašna (kukuruzni škrob)
5 ml / 1 žličica bijelog vinskog octa
60 ml / 4 žlice ulja od kikirikija
100 g brokule
5 ml / 1 žličica ribljeg umaka
2,5 ml / ¬Ω žličica soja umaka
250 ml / 8 tečnih oz / 1 šalica goveđeg temeljca
30 ml / 2 žlice sjemenki sezama

Marinirajte meso s umakom od kamenica, 2,5 ml/¬Ω žličice kukuruznog brašna, 2,5 ml/¬Ω žličice vinskog octa i 15 ml/1 žličice ulja 1 sat.

U međuvremenu zagrijte 15 ml/1 žlica ulja, dodajte brokulu, 2,5 ml/¬Ω žličice ribljeg umaka, sojin umak i preostali ocat te prelijte kipućom vodom. Kuhajte na laganoj vatri oko 10 minuta dok ne omekša.

U posebnoj tavi zagrijte 30 ml / 2 žlice ulja i kratko popržite meso dok ne porumeni. Dodajte temeljac, ostatak kukuruzne krupice i riblji umak, zakuhajte, poklopite i kuhajte oko 10 minuta dok meso ne omekša. Brokulu ocijedite i stavite na ringlu. Odozgo stavite meso i obilato pospite sjemenkama sezama.

Pečena govedina

za 4 osobe

450 g / 1 funta nemasni odrezak, narezan

60 ml / 4 žlice soja umaka

2 češnja češnjaka nasjeckana

5 ml / 1 žličica soli

2,5 ml / ¬Ω čajna žličica svježe mljevenog papra

10 ml / 2 žličice šećera

Pomiješajte sve sastojke i ostavite da lagano kuha 3 sata. Pržite ili pržite (pecite) na zagrijanom roštilju oko 5 minuta sa svake strane.

Kantonska govedina

za 4 osobe

30 ml / 2 žlice kukuruznog brašna (kukuruzni škrob)
2 tučena bjelanjka
450 g / 1 funta govedine, narezane na trakice
ulje za prženje
4 stabljike celera, narezane na ploške
2 narezana luka
60 ml / 4 žlice vode
20 ml / 4 žličice soli
75 ml / 5 žlica soja umaka
60 ml / 4 žlice rižinog vina ili suhog šerija
30 ml / 2 žlice šećera
svježe mljeveni papar

Polovicu kukuruznog škroba pomiješajte sa snijegom od bjelanjaka. Dodajte odrezak i promiješajte da se meso prekrije tijestom. Zagrijte ulje i ispecite biftek dok ne porumeni. Izvaditi iz posude i ocijediti na kuhinjskom papiru. Zagrijte 15 ml / 1 žlica ulja i pržite celer i luk 3 minute. Dodajte meso, vodu, sol, sojin umak, vino ili šeri i šećer te začinite paprom. Pustite da zakipi i kuhajte uz miješanje dok se umak ne zgusne.

Teletina sa mrkvom

za 4 osobe

30 ml / 2 žlice ulja od kikirikija
450 g / 1 lb nemasne govedine, narezane na kockice
2 vlasca (mladi luk), narezana na ploške
2 češnja češnjaka nasjeckana
1 kriška korijena đumbira, nasjeckana
250 ml / 8 tečnih oz / 1 šalica soja umaka
30 ml / 2 žlice rižinog vina ili suhog šerija
30 ml / 2 žlice smeđeg šećera
5 ml / 1 žličica soli
600 ml / 1 pt / 2 Ω šalice vode
4 mrkve, dijagonalno izrezane

Zagrijte ulje i pržite meso dok lagano ne porumeni. Ocijedite višak ulja i dodajte vlasac, češnjak, đumbir i pirjajte anis 2 minute. Dodajte soja umak, vino ili šeri, šećer i sol i dobro promiješajte. Dodajte vodu, zakuhajte, poklopite i kuhajte 1 sat. Dodajte mrkvu, poklopite i kuhajte još 30 minuta. Maknite poklopac i pirjajte dok se umak ne reducira.

Meso s indijskim oraščićima

za 4 osobe

60 ml / 4 žlice ulja od kikirikija

450 g / 1 funta fileta mignona, tanko narezanog

8 vlasaca (mladi luk), narezanih na komadiće

2 češnja češnjaka nasjeckana

1 kriška korijena đumbira, nasjeckana

75 g / 3 oz / ¬œ šalice pečenih indijskih oraščića

120 ml / 4 fl oz / ¬Ω šalice vode

20 ml / 4 žličice kukuruznog brašna (kukuruzni škrob)

20 ml / 4 žličice sojinog umaka

5 ml / 1 žličica sezamovog ulja

5 ml / 1 žličica umaka od kamenica

5 ml / 1 žličica čili umaka

Zagrijte pola ulja i pržite meso dok lagano ne porumeni. Izvadite iz hladnjaka. Zagrijte preostalo ulje i pržite vlasac, češnjak, đumbir i indijske oraščiće 1 minutu. Vratite meso u tepsiju. Ostatak pomiješajte i smjesu umiješajte u tepsiju. Pustite da zakipi i kuhajte uz miješanje dok se smjesa ne zgusne.

Mesni gulaš za sporo kuhanje

za 4 osobe

30 ml / 2 žlice ulja od kikirikija

450 g / 1 lb kuhane govedine, narezane na kockice

3 kriške nasjeckanog korijena đumbira

3 narezane mrkve

1 cikla narezana na kockice

15 ml/1 žlica crnih datulja bez koštice

15 ml / 1 žlica lotosovih sjemenki

30 ml / 2 žlice paste od rajčice (pasta)

10 ml / 2 žlice soli

900 ml / 1½ boda / 3¾ šalice goveđeg temeljca

250 ml / 1 šalica rižinog vina ili suhog šerija

Zagrijte ulje u velikoj tavi ili tavi s neprijanjajućim premazom i pržite meso dok ne porumeni sa svih strana.

Meso s cvjetačom

za 4 osobe

225 g / 8 oz cvjetova cvjetače

ulje za prženje

225 g govedine, narezane na trakice

50 g izdanaka bambusa, narezanih na trakice

10 vodenih kestena narezanih na trakice

120 ml / 4 fl oz / ½ šalice pilećeg temeljca

15 ml / 1 žlica sojinog umaka

15 ml / 1 žlica umaka od kamenica

15 ml / 1 žlica paste od rajčice (pasta)

15 ml / 1 žlica kukuruznog brašna (kukuruzni škrob)

2,5 ml / ½ žličica sezamovog ulja

Cvjetaču kuhajte 2 minute u kipućoj vodi i ocijedite. Zagrijte ulje i pržite cvjetaču dok lagano ne porumeni. Izvadite i ocijedite na kuhinjskom papiru. Ponovo zagrijte ulje i pržite meso dok lagano ne porumeni, izvadite i pustite da se ocijedi. Ulijte sve osim 15 ml/1 žličice ulja i pržite mladice bambusa i vodene kestene 2 minute. Dodajte ostatak, zakuhajte i kuhajte uz miješanje dok se umak ne zgusne. Meso i cvjetaču vratite u tavu i lagano zagrijte. Poslužite odmah.

Teletina sa celerom

za 4 osobe

100 g celera narezanog na trakice

45 ml / 3 žlice kikiriki (kikiriki) ulja

2 vlasca (mladi luk), nasjeckana

1 kriška korijena đumbira, nasjeckana

225 g / 8 oz nemasne govedine, narezane na trakice

30 ml / 2 žlice soja umaka
30 ml / 2 žlice rižinog vina ili suhog šerija
2,5 ml / ¬Ω žličica šećera
2,5 ml / ¬Ω žličica soli

Celer blanširajte u kipućoj vodi 1 minutu, zatim dobro isperite. Zagrijte ulje i popržite luk i đumbir dok lagano ne porumene. Dodajte meso i pržite ga 4 minute. Dodajte celer i pržite 2 minute. Dodajte soja umak, vino ili šeri, šećer i sol i pržite 3 minute.

Pržene mesne kriške s celerom

za 4 osobe

30 ml / 2 žlice ulja od kikirikija
450 g / 1 lb nemasne govedine, narezane na kriške
3 stabljike celera, nasjeckane
1 glavica luka, naribana
1 vlasac (luk), narezan na ploške
1 kriška korijena đumbira, nasjeckana
30 ml / 2 žlice soja umaka
15 ml / 1 žlica rižinog vina ili suhog šerija

2,5 ml / ½ žličica šećera
2,5 ml / ½ žličica soli
10 ml / 2 žličice kukuruznog brašna (kukuruzni škrob)
30 ml / 2 žlice vode

Zagrijte pola ulja da se jako zagrije i pržite meso 1 minutu dok ne porumeni. Izvadite iz hladnjaka. Zagrijte preostalo ulje i popržite celer, luk, vlasac i đumbir dok ne omekšaju. Vratite meso u tavu sa sojinim umakom, vinom ili šerijem, šećerom i soli, prokuhajte i pržite dok ne zagrije. Pomiješajte kukuruznu krupicu i vodu, promiješajte u tavi i kuhajte dok se umak ne zgusne. Poslužite odmah.

Rendana junetina s piletinom i celerom

za 4 osobe

4 sušene kineske gljive
45 ml / 3 žlice kikiriki (kikiriki) ulja
2 češnja češnjaka nasjeckana
1 korijen đumbira, narezan, nasjeckan
5 ml / 1 žličica soli
100g/4oz nemasne govedine, narezane na trakice
100 g / 4 oz piletine, narezane na trakice
2 mrkve, narezane na trakice
2 stabljike celera, narezane na trakice

4 vlasca (mladi luk), narezana na trakice
5 ml / 1 žličica šećera
5 ml / 1 žličica soja umaka
5 ml / 1 žličica rižinog vina ili suhog šerija
45 ml / 3 žlice vode
5 ml / 1 žličica kukuruznog brašna (kukuruzni škrob)

Gljive namočite u toploj vodi 30 minuta, zatim ocijedite. Odbacite peteljke i nasjeckajte vrhove. Zagrijte ulje i popržite češnjak, đumbir i sol dok lagano ne porumene. Dodajte meso i piletinu i pržite dok ne porumene. Dodajte celer, vlasac, šećer, sojin umak, vino ili sherry i vodu te pustite da zavrije. Poklopite i kuhajte oko 15 minuta, dok meso ne omekša. Kukuruzno brašno pomiješajte s malo vode, pomiješajte s umakom i kuhajte uz miješanje dok se umak ne zgusne.

Govedina s Čileom

za 4 osobe

450 g / 1 funta fileta minjona, narezanog na trakice
45 ml / 3 žlice soja umaka
15 ml / 1 žlica rižinog vina ili suhog šerija
15 ml / 1 žlica smeđeg šećera
15 ml / 1 žlica sitno nasjeckanog korijena đumbira
30 ml / 2 žlice ulja od kikirikija
50 g izdanaka bambusa, narezanih na štapiće
1 glavica luka narezana na trakice
1 stabljika celera narezana na štapiće šibica
2 crvene paprike očišćene od sjemenki i narezane na trakice
120 ml / 4 fl oz / ¬Ω šalice pilećeg temeljca
15 ml / 1 žlica kukuruznog brašna (kukuruzni škrob)

Odrezak stavite u zdjelu. Pomiješajte sojin umak, vino ili šeri, šećer i đumbir i umiješajte u odrezak. Ostavite da se marinira 1 sat. Odrezak izvadite iz marinade. Zagrijte pola ulja i pržite izdanke bambusa, luk, celer i papar 3 minute, a zatim ih izvadite iz tave. Ostatak ulja zagrijte i pecite šnicle 3 minute. Dodati marinadu, prokuhati i dodati pirjano povrće. Kuhajte na laganoj vatri uz miješanje 2 minute. Pomiješajte juhu i kukuruznu krupicu i dodajte u tavu. Zakuhajte i kuhajte uz miješanje dok umak ne posvijetli i zgusne se.

Meso s kineskim kupusom

za 4 osobe

225 g / 8 oz nemasnog mesa
30 ml / 2 žlice ulja od kikirikija
350 g / 12 oz bok choya, nasjeckanog
120 ml / 4 fl oz / ¬Ω šalice goveđeg temeljca
sol i svježe mljeveni papar
10 ml / 2 žličice kukuruznog brašna (kukuruzni škrob)
30 ml / 2 žlice vode

Meso narežite na tanke ploške naspram zrna. Zagrijte ulje i pržite meso dok ne porumeni. Dodajte bok choy i pirjajte dok malo ne omekša. Dodajte temeljac, prokuhajte i začinite solju i paprom. Poklopite i kuhajte 4 minute dok meso ne omekša. Pomiješajte kukuruznu krupicu i vodu, umiješajte u tavu i kuhajte uz miješanje dok se umak ne zgusne.

Govedina Suey

za 4 osobe

3 stabljike celera, narezane na ploške
100 g klica graha
100 g brokule
60 ml / 4 žlice ulja od kikirikija
3 vlasca (mladi luk), nasjeckana
2 češnja češnjaka nasjeckana
1 kriška korijena đumbira, nasjeckana
225 g / 8 oz nemasne govedine, narezane na trakice
45 ml / 3 žlice soja umaka
15 ml / 1 žlica rižinog vina ili suhog šerija
5 ml / 1 žličica soli
2,5 ml / ¬Ω žličica šećera
svježe mljeveni papar
15 ml / 1 žlica kukuruznog brašna (kukuruzni škrob)

Klice celera, graha i brokule isperite u kipućoj vodi 2 minute, zatim isperite i osušite. Zagrijte 45 ml / 3 žlice ulja i popržite vlasac, češnjak i đumbir dok ne porumene. Dodajte meso i pržite ga 4 minute. Izvadite iz hladnjaka. Zagrijte preostalo ulje i pržite povrće 3 minute. Dodajte meso, sojin umak, vino ili sherry, sol, šećer i malo papra te pržite 2 minute. Kukuruzno brašno pomiješajte s malo vode, umiješajte u tavu i kuhajte uz miješanje dok umak ne posvijetli i ne zgusne se.

Teletina s krastavcima

za 4 osobe

450 g / 1 funta fileta mignona, tanko narezanog

45 ml / 3 žlice soja umaka

30 ml / 2 žlice kukuruznog brašna (kukuruzni škrob)

60 ml / 4 žlice ulja od kikirikija

2 krastavca, oguljena, očišćena od sjemenki i narezana na ploške

60 ml / 4 žlice pilećeg temeljca

30 ml / 2 žlice rižinog vina ili suhog šerija

sol i svježe mljeveni papar

Odrezak stavite u zdjelu. Pomiješajte soja umak i kukuruznu krupicu i dodajte odresku. Ostavite da se marinira 30 minuta. Zagrijte pola ulja i pržite krastavce 3 minute dok ne postanu prozirni pa ih izvadite iz tave. Zagrijte ostatak ulja i ispecite biftek dok ne porumeni. Dodajte krastavce i pržite 2 minute. Dodajte temeljac, vino ili sherry te začinite solju i paprom. Zakuhajte, poklopite i kuhajte 3 minute.

Goveđi Chow Mein

za 4 osobe

750 g / 1 ¬Ω lb file minjona

2 luka

45 ml / 3 žlice soja umaka

45 ml / 3 žlice rižinog vina ili suhog šerija

15 ml / 1 žlica maslaca od kikirikija

5 ml / 1 žličica soka od limuna

350 g rezanaca od jaja

60 ml / 4 žlice ulja od kikirikija

175 ml / 6 tečnih oz / ¬œ šalice pilećeg temeljca

15 ml / 1 žlica kukuruznog brašna (kukuruzni škrob)

30 ml / 2 žlice umaka od kamenica

4 vlasca (mladi luk), nasjeckana

3 stabljike celera, narezane na ploške

100g / 4oz šampinjona, narezanih

1 zelena paprika narezana na trakice

100 g klica graha

Izrežite i bacite masnoću s mesa. Narežite poprečno na tanke ploške. Luk narežite na kriške i odvojite slojeve. Pomiješajte 15 ml / 1 žlicu sojinog umaka s 15 ml / 1 žlicom vina ili šerija, maslacem od kikirikija i sokom od limuna. Dodajte meso, poklopite i ostavite da odstoji 1 sat. Kuhajte rezance u kipućoj vodi oko 5 minuta ili dok ne omekšaju. Dobro osušiti. Zagrijte 15 ml / 1 žlicu ulja, dodajte 15 ml / 1 žlicu soja umaka i rezance i pržite 2 minute dok ne porumene. Prebaciti na topli tanjur.

Ostatak umaka od soje i vina ili šerija pomiješajte s juhom, kukuruznom brašnom i umakom od kamenica. Zagrijte 15 ml / 1 žlica ulja i pržite luk 1 minutu. Dodajte celer, gljive, papar i klice graha te pržite 2 minute. Izvadite iz woka. Zagrijte preostalo ulje i pržite meso dok ne porumeni. Dodajte mješavinu juhe, zakuhajte, poklopite i kuhajte 3 minute. Vratite povrće u wok i kuhajte, miješajući, dok se ne zagrije, oko 4 minute. Smjesu prelijte preko rezanaca i poslužite.

filet krastavca

za 4 osobe

450 g / 1 funta file minjona
10 ml / 2 žličice kukuruznog brašna (kukuruzni škrob)
10 ml / 2 žličice soli
2,5 ml / ½ čajna žličica svježe mljevenog papra
90 ml / 6 žlica ulja kikirikija (kikirikija).
1 glavica luka sitno nasjeckana
1 krastavac, oguljen i narezan na ploške
120 ml / 4 fl oz / ½ šalice goveđeg temeljca

File narežite na trakice, a zatim na tanke ploške naspram zrna. Stavite u zdjelu i dodajte kukuruzni škrob, sol, papar i pola ulja. Ostavite da se marinira 30 minuta. Zagrijte preostalo ulje i popržite meso i luk dok lagano ne porumene. Dodajte krastavce i temeljac, zakuhajte, poklopite i kuhajte 5 minuta.

pečena govedina curry

za 4 osobe

45 ml / 3 žlice maslaca

15 ml / 1 žlica curry praha

45 ml / 3 žlice glatkog brašna (za sve namjene)

375 ml / 13 tečnih oz / 1 Ω šalice mlijeka

15 ml / 1 žlica sojinog umaka

sol i svježe mljeveni papar

450 g / 1 funta kuhane govedine, mljevene

100 g / 4 oz graška

2 mrkve, nasjeckane

2 kosana luka

225 g / 8 oz riže dugog zrna, kuhane, vruće

1 tvrdo kuhano jaje (kuhano), narezano na ploške

Otopite maslac, dodajte curry prah i brašno te kuhajte 1 minutu. Dodajte mlijeko i sojin umak, zakuhajte i kuhajte uz miješanje 2 minute. Posolite i popaprite. Dodajte meso, grašak, mrkvu i luk i dobro promiješajte s umakom. Dodajte rižu, prebacite smjesu u lim za pečenje i pecite u prethodno zagrijanoj pećnici na 200°C / 400°F / plinska oznaka 6 20 minuta dok povrće ne omekša. Poslužite ukrašeno kriškama kuhanog jaja.

Omlet od šunke i kestena

2 porcije

30 ml / 2 žlice ulja od kikirikija
1 kosani luk
1 protisnuti češanj češnjaka
50 g nasjeckane šunke
50 g / 2 oz vodenog kestena, nasjeckanog
15 ml / 1 žlica sojinog umaka
50g/2oz cheddar sira
3 razmućena jaja

Zagrijte polovicu ulja i popržite luk, češnjak, šunku, vodeni kesten i sojin umak do svijetlo smeđe boje. Izvadite ih iz tepsije. Zagrijte preostalo ulje, dodajte jaja i stavite jaje u sredinu kad se počne stvrdnjavati kako bi sirovo jaje moglo kliziti ispod. Kad je jaje gotovo, smjesa sa šunkom se ulije u jednu polovicu tortilje, na to se stavi sir i umiješa druga polovica tortilje. Poklopite i kuhajte 2 minute, zatim okrenite i pecite još 2 minute dok ne poprime zlatnu boju.

omlet s jastogom

za 4 osobe

4 jaja

sol i svježe mljeveni papar

30 ml / 2 žlice ulja od kikirikija

3 vlasca (mladi luk), nasjeckana

100 g / 4 oz mesa jastoga, mljevenog

Jaja lagano umutiti i začiniti solju i paprom. Zagrijte ulje i pržite mladi luk 1 minutu. Dodajte jastoga i miješajte dok se ne prekrije uljem. Ulijte jaja u tepsiju i nagnite tepsiju da jaje oblije površinu. Podignite rubove tortilje kada stavljate jaja kako bi sirovo jaje moglo kliznuti ispod. Kuhajte dok ne bude gotovo, zatim podijelite na pola i poslužite odjednom.

omlet od kamenica

za 4 osobe

4 jaja
120 ml / 4 fl oz / ½ šalice mlijeka
12 oljuštenih kamenica
3 vlasca (mladi luk), nasjeckana
sol i svježe mljeveni papar
30 ml / 2 žlice ulja od kikirikija
50 g/2 oz nemasne svinjetine, nasjeckane
50 g / 2 oz gljiva, narezanih
50 g izdanaka bambusa, narezanih na kriške

Lagano umutite jaja zajedno s mlijekom, kamenicama, vlascem, soli i paprom. Zagrijte ulje i pržite svinjetinu dok lagano ne porumeni. Dodajte gljive i mladice bambusa i pržite 2 minute. Ulijte smjesu jaja u tavu i kuhajte, podižući rubove omleta dok su jaja postavljena tako da sirovo jaje može curiti ispod. Kuhajte dok ne bude gotovo, zatim preklopite na pola, okrenite tortilju i pecite dok lagano ne porumeni s druge strane. Poslužite odmah.

omlet od kozica

za 4 osobe

4 jaja

15 ml / 1 žlica rižinog vina ili suhog šerija

sol i svježe mljeveni papar

30 ml / 2 žlice ulja od kikirikija

1 kriška korijena đumbira, nasjeckana

225 g / 8 oz oguljenih škampa

Lagano umutite jaja s vinom ili šerijem i začinite solju i paprom. Zagrijte ulje i popržite đumbir dok ne postane svijetlo smeđ. Dodajte škampe i miješajte dok se ne prekriju uljem. Ulijte jaja u tepsiju i nagnite tepsiju da jaje prekrije površinu. Podignite rubove tortilje kada stavljate jaja kako bi sirovo jaje moglo kliznuti ispod. Kuhajte dok ne bude gotovo, zatim podijelite na pola i poslužite odjednom.

Omlet od jakobove kapice

za 4 osobe

4 jaja

5 ml / 1 žličica soja umaka
sol i svježe mljeveni papar
30 ml / 2 žlice ulja od kikirikija
3 vlasca (mladi luk), nasjeckana
225 g jakobovih kapica, prepolovljenih

Lagano umutite jaja sa soja umakom i začinite solju i paprom. Zagrijte ulje i pržite vlasac dok ne postane svijetlo smeđ. Dodajte jakobove kapice i pržite 3 minute. Ulijte jaja u tepsiju i nagnite tepsiju da jaje oblije površinu. Podignite rubove tortilje kada stavljate jaja kako bi sirovo jaje moglo kliznuti ispod. Kuhajte dok ne bude gotovo, zatim podijelite na pola i poslužite odjednom.

Kolač od jaja s tofuom

za 4 osobe

4 jaja
sol i svježe mljeveni papar

30 ml / 2 žlice ulja od kikirikija
225 g / 8 oz tofua, nasjeckanog

Jaja lagano umutiti i začiniti solju i paprom. Zagrijte ulje, dodajte tofu i pržite dok ne zagrije. Ulijte jaja u tepsiju i nagnite tepsiju da jaje oblije površinu. Podignite rubove tortilje kada stavljate jaja tako da sirovo jaje ide ispod. Kuhajte dok ne bude gotovo, zatim podijelite na pola i poslužite odjednom.

Punjena svinjska tortilja

za 4 osobe

50 g klica graha
60 ml / 4 žlice ulja od kikirikija
225g / 8oz nemasne svinjetine, narezane na kockice
3 vlasca (mladi luk), nasjeckana

1 nasjeckana stabljika celera
15 ml / 1 žlica sojinog umaka
5 ml / 1 žličica šećera
4 lagano umućena jaja
sol

Klice graha blanširajte u kipućoj vodi 3 minute, zatim ih dobro ocijedite. Zagrijte pola ulja i pržite svinjetinu dok lagano ne porumeni. Dodajte vlasac i celer i pržite 1 minutu. Dodajte sojin umak i šećer i pržite 2 minute. Izvadite iz hladnjaka. Umućena jaja posolite. Zagrijte preostalo ulje i ulijte jaja u tavu, naginjući tavu da jaje oblije površinu. Podignite rubove tortilje kada stavljate jaja kako bi sirovo jaje moglo kliznuti ispod. Nadjev stavite u sredinu tortilje i preklopite na pola. Kuhajte dok ne bude gotovo pa poslužite.

Tortilja punjena škampima

za 4 osobe

30 ml / 2 žlice ulja od kikirikija
2 stabljike celera, nasjeckane
2 vlasca (mladi luk), nasjeckana
225 g / 8 oz oguljenih škampa, prepolovljenih
4 lagano umućena jaja
sol

Zagrijte pola ulja i popržite celer i luk dok lagano ne porumene. Dodajte kozice i pržite dok se jako ne zagriju. Izvadite iz hladnjaka. Umućena jaja posolite. Zagrijte preostalo ulje i ulijte jaja u tavu, naginjući tavu da jaje oblije površinu. Podignite rubove tortilje kada stavljate jaja kako bi sirovo jaje moglo kliznuti ispod. Nadjev stavite u sredinu tortilje i preklopite na pola. Kuhajte dok ne bude gotovo pa poslužite.

Tortilje kuhane na pari s nadjevom od piletine

za 4 osobe

4 lagano umućena jaja

sol

15 ml / 1 žlica ulja od kikirikija

100 g / 4 oz kuhane piletine, nasjeckane

2 kriške nasjeckanog korijena đumbira

1 kosani luk

120 ml / 4 fl oz / ½ šalice pilećeg temeljca

15 ml / 1 žlica rižinog vina ili suhog šerija

Umutiti jaja i posoliti. Zagrijte malo ulja i ulijte četvrtinu jaja, pa smjesu prelijte na tavu. Pržite dok lagano ne porumene s jedne strane i ostavite da odmori, a zatim preokrenite na tanjur. Skuhajte preostale 4 tortilje. Pomiješajte piletinu, đumbir i luk. Smjesu ravnomjerno rasporedite između tortilja, zarolajte, učvrstite štapićima za koktele i slažite rolice u plitku posudu za pečenje. Stavite na rešetku u kuhalo za paru, poklopite i kuhajte na pari 15 minuta. Prebaciti na topli lim i rezati na deblje ploške. U međuvremenu zagrijte temeljac i sherry te ih posolite. Prelijte tortilje i poslužite.

palačinke od kamenica

Za 4 do 6 porcija
12 kamenica
4 lagano umućena jaja
3 mlada luka, narezana na ploške
sol i svježe mljeveni papar
6 ml / 4 žlice višenamjenskog brašna
2,5 ml / ½ žličice praška za pecivo
45 ml / 3 žlice kikiriki (kikiriki) ulja

Oljuštite kamenice, odvojite 60 ml / 4 žlice likera i grubo ih nasjeckajte. Jaja pomiješajte s kamenicama, vlascem, soli i paprom. Pomiješajte brašno i prašak za pecivo, miješajte dok ne dobijete tijesto s kamenicama, zatim smjesu umiješajte u jaja. Zagrijte ulje i pržite žlice tijesta da napravite male palačinke. Pecite dok lagano ne porumene sa svake strane, zatim dodajte još malo ulja u tavu i nastavite dok ne potrošite svu smjesu.

palačinke od kozica

za 4 osobe

50 g / 4 oz oguljenih škampa, nasjeckanih
4 lagano umućena jaja
75 g / 3 oz / ½ šalice integralnog pšeničnog brašna
sol i svježe mljeveni papar
120 ml / 4 fl oz / ½ šalice pilećeg temeljca
2 vlasca (mladi luk), nasjeckana
30 ml / 2 žlice ulja od kikirikija

Pomiješajte sve sastojke osim ulja. Zagrijte malo ulja, ulijte četvrtinu tijesta, nagnite posudu da se rasporedi po dnu. Pecite dok lagano ne porumene na dnu, zatim okrenite i zapecite drugu stranu. Izvadite iz tave i nastavite peći preostale palačinke.

kineska kajgana

za 4 osobe

4 razmućena jaja
2 vlasca (mladi luk), nasjeckana
prstohvat soli
5 ml / 1 žličica soja umaka (po želji)
30 ml / 2 žlice ulja od kikirikija

Umutite jaja s vlascem, solju i soja umakom ako koristite. Zagrijte ulje pa ulijte smjesu od jaja. Lagano miješajte vilicom dok jaja ne postanu čvrsta. Poslužite odmah.

Kajgana s ribom

za 4 osobe

225 g ribljeg filea
30 ml / 2 žlice ulja od kikirikija
1 kriška korijena đumbira, nasjeckana
2 vlasca (mladi luk), nasjeckana
4 lagano umućena jaja
sol i svježe mljeveni papar

Stavite ribu u posudu otpornu na pećnicu i stavite je na rešetku u kuhalo za kuhanje na pari. Poklopite i kuhajte na pari oko 20 minuta, zatim skinite kožu i meso zgnječite. Zagrijte ulje i pržite đumbir i vlasac dok lagano ne porumene. Dodajte ribu i miješajte dok se ne prekrije uljem. Jaja posolite i popaprite, ulijte u tavu i lagano miješajte vilicom dok se jaja ne stisnu. Poslužite odmah.

Kajgana s gljivama

za 4 osobe

30 ml / 2 žlice ulja od kikirikija

4 razmućena jaja

3 vlasca (mladi luk), nasjeckana

prstohvat soli

5 ml / 1 žličica soja umaka

100g / 4oz gljiva, grubo nasjeckanih

Zagrijte pola ulja i pržite gljive nekoliko minuta dok se jako ne zagriju te ih izvadite iz tave. Umutiti jaja s vlascem, soli i soja umakom. Zagrijte ostatak ulja i ulijte smjesu od jaja. Lagano miješajte vilicom dok se jaja ne počnu stvrdnjavati, a zatim vratite gljive u tavu i kuhajte dok se jaja ne stegne. Poslužite odmah.

Kajgana s umakom od kamenica

za 4 osobe

4 razmućena jaja
3 vlasca (mladi luk), nasjeckana
sol i svježe mljeveni papar
5 ml / 1 žličica soja umaka
30 ml / 2 žlice ulja od kikirikija
15 ml / 1 žlica umaka od kamenica
100 g / 4 oz kuhane šunke, izmrvljene
2 grančice ravnog peršina

Umutite jaja s vlascem, soli, paprom i soja umakom. Dodajte pola ulja. Zagrijte ostatak ulja i ulijte smjesu od jaja. Lagano miješajte vilicom dok se jaja ne počnu stvrdnjavati, zatim dodajte umak od kamenica i kuhajte dok se jaja ne stvrdnu. Poslužite ukrašeno šunkom i peršinom.

Kajgana sa svinjetinom

za 4 osobe

225 g nemasne svinjetine, narezane na ploške
30 ml / 2 žlice soja umaka
30 ml / 2 žlice ulja od kikirikija
2 vlasca (mladi luk), nasjeckana
4 razmućena jaja
prstohvat soli
5 ml / 1 žličica soja umaka

Pomiješajte svinjetinu i sojin umak tako da svinjetina bude dobro obložena. Zagrijte ulje i pržite svinjetinu dok lagano ne porumeni. Dodajte luk i pržite 1 minutu. Umutite jaja s mladim lukom, solju i soja umakom te smjesu od jaja ulijte u tavu. Lagano miješajte vilicom dok jaja ne postanu čvrsta. Poslužite odmah.

Kajgana sa svinjetinom i kozicama

za 4 osobe

100 g / 4 oz mljevene svinjetine
225 g / 8 oz oguljenih škampa
2 vlasca (mladi luk), nasjeckana
1 kriška korijena đumbira, nasjeckana
5 ml / 1 žličica kukuruznog brašna (kukuruzni škrob)
15 ml / 1 žlica rižinog vina ili suhog šerija
15 ml / 1 žlica sojinog umaka
sol i svježe mljeveni papar
45 ml / 3 žlice kikiriki (kikiriki) ulja
4 lagano umućena jaja

Pomiješajte svinjetinu, škampe, luk, đumbir, kukuruzni škrob, vino ili šeri, sojin umak, sol i papar. Zagrijte ulje i pržite smjesu svinjetine dok ne postane svijetlo smeđa. Ulijte jaja i lagano miješajte vilicom dok se jaja ne stvrdnu. Poslužite odmah.

Kajgana sa špinatom

za 4 osobe

45 ml / 3 žlice kikiriki (kikiriki) ulja

225 g / 8 oz špinata

4 razmućena jaja

2 vlasca (mladi luk), nasjeckana

prstohvat soli

Zagrijte pola ulja i pržite špinat nekoliko minuta dok ne postane svijetlozelen, ali ne uvene. Izvadite ga iz posude i sitno nasjeckajte. Umutite jaja s vlascem, solju i soja umakom ako koristite. Dodajte špinat. Zagrijte ulje pa ulijte smjesu od jaja. Lagano miješajte vilicom dok se jaja ne stvrdnu. Poslužite odmah.

Kajgana s vlascem

za 4 osobe

4 razmućena jaja
8 vlasca (luka), nasjeckanog
sol i svježe mljeveni papar
5 ml / 1 žličica soja umaka
30 ml / 2 žlice ulja od kikirikija

Umutite jaja s vlascem, soli, paprom i soja umakom. Zagrijte ulje pa ulijte smjesu od jaja. Lagano miješajte vilicom dok jaja ne postanu čvrsta. Poslužite odmah.

Kajgana s rajčicama

za 4 osobe

4 razmućena jaja
2 vlasca (mladi luk), nasjeckana
prstohvat soli
30 ml / 2 žlice ulja od kikirikija
3 rajčice, oguljene i nasjeckane

Umutiti jaja s vlascem i soli. Zagrijte ulje pa ulijte smjesu od jaja. Lagano miješajte dok se jaja ne počnu stvrdnjavati, zatim umiješajte rajčice i nastavite kuhati uz miješanje dok ne otvrdnu. Poslužite odmah.

Kajgana s povrćem

za 4 osobe

30 ml / 2 žlice ulja od kikirikija
5 ml / 1 žličica sezamovog ulja
1 zelena paprika, narezana na kockice
1 mljeveni češanj češnjaka
100g/4oz graška šećera, prepolovljenog
4 razmućena jaja
2 vlasca (mladi luk), nasjeckana
prstohvat soli
5 ml / 1 žličica soja umaka

Zagrijte polovicu ulja od kikirikija sa sezamovim uljem i popržite papriku i češnjak do svijetlo smeđe boje. Dodajte grašak sa šećerom i pržite 1 minutu. Umutiti jaja s vlascem, solju i soja umakom te smjesu uliti u tavu. Lagano miješajte vilicom dok se jaja ne stvrdnu. Poslužite odmah.

Sufle od piletine

za 4 osobe

100g / 4oz mljevenih pilećih prsa

(Ja obično)

45 ml / 3 žlice pileće juhe

2,5 ml / ½ žličice soli

4 bjelanjka

75 ml / 5 žlica ulja kikirikija (kikirikija).

Dobro izmiješajte piletinu, juhu i sol. Bjelanjke istucite i dodajte u smjesu. Zagrijte ulje dok se ne zadimi, dodajte smjesu i dobro promiješajte, zatim smanjite vatru i nastavite kuhati uz lagano miješanje dok se smjesa ne zgusne.

sufle od rakova

za 4 osobe

100 g / 4 oz mesa rakova, u pahuljicama

sol

15 ml / 1 žlica kukuruznog brašna (kukuruzni škrob)

120 ml / 4 fl oz / ½ šalice mlijeka

4 bjelanjka

75 ml / 5 žlica ulja kikirikija (kikirikija).

Pomiješajte rakovo meso, sol, kukuruzni škrob i dobro promiješajte. Od bjelanjaka istucite čvrsti snijeg i umiješajte ga u smjesu. Zagrijte ulje dok se ne zadimi, dodajte smjesu i dobro promiješajte, zatim smanjite vatru i nastavite kuhati uz lagano miješanje dok se smjesa ne zgusne.

Souffle od rakova i đumbira

za 4 osobe

75 ml / 5 žlica ulja kikirikija (kikirikija).

2 kriške nasjeckanog korijena đumbira

1 vlasac (luk), nasjeckan

100 g / 4 oz mesa rakova, u pahuljicama

sol

15 ml / 1 žlica rižinog vina ili suhog šerija

120 ml/4ft oz/k šalice mlijeka

60 ml / 4 žlice pilećeg temeljca

15 ml / 2 žlice kukuruznog brašna (kukuruzni škrob)

4 bjelanjka

5 ml / 1 žličica sezamovog ulja

Zagrijte pola ulja i pržite đumbir i luk dok ne omekšaju. Dodajte meso rakova i sol, maknite s vatre i pustite da se malo ohladi. Pomiješajte vino ili šeri, mlijeko, juhu i kukuruznu krupicu, a zatim to pomiješajte sa smjesom od rakova. Od bjelanjaka istucite čvrsti snijeg i umiješajte ga u smjesu. Zagrijte preostalo ulje dok se ne zadimi, dodajte smjesu i dobro promiješajte, zatim smanjite vatru i nastavite kuhati uz lagano miješanje dok se smjesa ne zgusne.

Souffle od ribe

za 4 osobe

3 jaja, odvojena

5 ml / 1 žličica soja umaka

5 ml / 1 žličica šećera

sol i svježe mljeveni papar

450 g / 1 funta ribljeg fileta

45 ml / 3 žlice kikiriki (kikiriki) ulja

Žumanjke pomiješajte sa soja umakom, šećerom, soli i paprom. Ribu narežite na velike komade. Umočite ribu u smjesu dok se dobro ne prekrije. Zagrijte ulje i pržite ribu dok dolje ne porumeni. Istucite bjelanjke dok su čvrsti snijeg. Okrenite ribu i stavite bjelanjak na ribu. Kuhajte 2 minute dok dno ne postane lagano zlatno, zatim okrenite i kuhajte još 1 minutu dok bjelanjke ne postanu zlatne. Poslužite s umakom od rajčice.

Souffle od kozica

za 4 osobe

225 g / 8 oz oguljenih škampa, nasjeckanih
1 kriška korijena đumbira, nasjeckana
15 ml / 1 žlica rižinog vina ili suhog šerija
15 ml / 1 žlica sojinog umaka
sol i svježe mljeveni papar
4 bjelanjka
45 ml / 3 žlice kikiriki (kikiriki) ulja

Umiješajte škampe, đumbir, vino ili šeri, sojin umak, sol i papar. Od bjelanjaka istucite čvrsti snijeg i umiješajte ga u smjesu. Zagrijte ulje dok se ne zadimi, dodajte smjesu i dobro promiješajte, zatim smanjite vatru i nastavite kuhati uz lagano miješanje dok se smjesa ne zgusne.

Souffle od kozica s klicama graha

za 4 osobe

100 g klica graha

100 g / 4 oz oguljenih škampa, grubo nasjeckanih
2 vlasca (mladi luk), nasjeckana
5 ml / 1 žličica kukuruznog brašna (kukuruzni škrob)
15 ml / 1 žlica rižinog vina ili suhog šerija
120 ml / 4 fl oz / ½ šalice pilećeg temeljca
sol
4 bjelanjka
45 ml / 3 žlice kikiriki (kikiriki) ulja

Klice graha blanširajte u kipućoj vodi 2 minute, zatim ocijedite i držite na toplom. U međuvremenu pomiješajte škampe, luk, kukuruzni škrob, vino ili sherry i ostavite sa strane te posolite. Od bjelanjaka istucite čvrsti snijeg i umiješajte ga u smjesu. Zagrijte ulje dok se ne zadimi, dodajte smjesu i dobro promiješajte, zatim smanjite vatru i nastavite kuhati uz lagano miješanje dok se smjesa ne zgusne. Stavite na ringlu i nadjenite klice graha.

Souffle od povrća

za 4 osobe
5 jaja, odvojenih
3 naribana krumpira

1 manja glavica luka sitno nasjeckana
15 ml / 1 žlica nasjeckanog svježeg peršina
5 ml / 1 žličica soja umaka
sol i svježe mljeveni papar

Od bjelanjaka istucite čvrsti snijeg. Istucite žumanjke dok ne postanu blijedi i gusti, zatim dodajte krumpir, luk, peršin i sojin umak i dobro promiješajte.

Dodajte snijeg od bjelanjaka. Izlijte u podmazan kalup za souffle i pecite u prethodno zagrijanoj pećnici na 180°C/350°F/plin 4 oko 40 minuta.

Jaje Foo Yung

za 4 osobe
4 lagano umućena jaja
sol
100 g / 4 oz kuhane piletine, nasjeckane
1 kosani luk

2 stabljike celera, nasjeckane
50 g / 2 oz šampinjona, nasjeckanih
30 ml / 2 žlice ulja od kikirikija
foo yung umak od jaja

Pomiješajte jaja, sol, piletinu, luk, celer i gljive. Zagrijte malo ulja i ulijte četvrtinu smjese u tavu. Pržite dok dno ne postane lagano zlatno, zatim okrenite i zapecite drugu stranu. Poslužite s umakom od foo yung jaja.

Pečeno jaje Foo Yung

za 4 osobe

4 lagano umućena jaja
5 ml / 1 žličica soli
100 g / 4 oz dimljene šunke, nasjeckane
100 g nasjeckanih gljiva
15 ml / 1 žlica sojinog umaka
ulje za prženje

Jaja pomiješajte sa soli, šunkom, gljivama i soja umakom. Zagrijte ulje i u njega pažljivo ubacite žlice smjese. Pecite dok ne narastu, okrećući dok ne porumene s obje strane. Izvadite iz ulja i ocijedite dok su preostale palačinke pečene.

Rakovica Foo Yung s gljivama

za 4 osobe

6 tučenih jaja

45 ml / 3 žlice kukuruznog brašna (kukuruzni škrob)

100 g / 4 oz mesa rakova

100g / 4oz gljiva, narezanih na kockice

100g/4oz smrznutog graška

2 vlasca (mladi luk), nasjeckana

5 ml / 1 žličica soli

45 ml / 3 žlice kikiriki (kikiriki) ulja

Umutiti jaja pa dodati kukuruznu krupicu. Dodajte sve ostalo osim ulja. Zagrijte malo ulja i polako sipajte smjesu u tavu da napravite male palačinke širine oko 3 cm. Pržite dok dno ne postane lagano zlatno, zatim okrenite i zapecite drugu stranu. Nastavite dok ne potrošite svu smjesu.

Foo Yung jaja šunke

za 4 osobe

60 ml / 4 žlice ulja od kikirikija

50 g / 2 oz izdanaka bambusa, narezanih na kockice

50 g vodenog kestena, narezanog na kockice

2 vlasca (mladi luk), nasjeckana

2 stabljike celera, nasjeckane

50 g/2 oz dimljene šunke, narezane na kockice

15 ml / 1 žlica sojinog umaka

2,5 ml / ½ žličice šećera

2,5 ml / ½ žličice soli

4 lagano umućena jaja

Zagrijte pola ulja i pržite izdanke bambusa, vodene kestene, vlasac i celer oko 2 minute. Dodajte šunku, sojin umak, šećer i sol, izvadite iz posude i ostavite da se malo ohladi. Smjesu dodajte umućenim jajima. Zagrijte malo preostalog ulja i polako ulijte smjesu u tavu kako biste napravili male palačinke široke oko 3 inča. Pržite dok dno ne postane lagano zlatno, zatim okrenite i zapecite drugu stranu. Nastavite dok ne potrošite svu smjesu.

Pečeno svinjsko jaje Foo Yung

za 4 osobe

4 sušene kineske gljive
60 ml / 3 žlice ulja od kikirikija
100 g / 4 oz pečene svinjetine, nasjeckane
100 g / 4 oz bok choya, nasjeckanog
50 g izdanaka bambusa, narezanih na kriške
50 g / 2 oz vodenih kestena, narezanih
4 lagano umućena jaja
sol i svježe mljeveni papar

Gljive namočite u toploj vodi 30 minuta, zatim ocijedite. Bacite peteljke i odrežite vrhove. Zagrijte 30 ml / 2 žlice ulja i pržite gljive, svinjetinu, kupus, mladice bambusa i vodene kestene 3 minute. Izvadite iz tave i pustite da se malo ohladi, zatim umiješajte jaja i začinite solju i paprom. Zagrijte malo preostalog ulja i polako ulijte smjesu u tavu kako biste napravili male palačinke široke oko 3 inča. Pržite dok dno ne postane lagano zlatno, zatim okrenite i zapecite drugu stranu. Nastavite dok ne potrošite svu smjesu.

Svinjsko jaje i škampi Foo Yung

za 4 osobe
45 ml / 3 žlice kikiriki (kikiriki) ulja
100g/4oz nemasne svinjetine, narezane na kriške
1 kosani luk
225 g škampi, oguljenih, narezanih
50 g bok choya, nasjeckanog
4 lagano umućena jaja
sol i svježe mljeveni papar

Zagrijte 30 ml / 2 žlice ulja i popržite svinjetinu i luk dok ne porumene. Dodajte kozice i pržite dok se ne obliju uljem, zatim dodajte kupus, dobro promiješajte, poklopite i kuhajte 3 minute. Izvadite iz kalupa i ostavite da se malo ohladi. Dodajte mesnu smjesu u jaja i začinite solju i paprom. Zagrijte malo preostalog ulja i polako ulijte smjesu u tavu kako biste napravili male palačinke široke oko 3 inča. Pržite dok dno ne postane lagano zlatno, zatim okrenite i zapecite drugu stranu. Nastavite dok ne potrošite svu smjesu.

bijela riža

za 4 osobe

225 g / 8 oz / 1 šalica riže dugog zrna
15 ml / 1 žlica ulja
750 ml / 1 ¼ boda / 3 šalice vode

Operite rižu i zatim je stavite u tepsiju. Dodajte vodu u ulje i zatim ga dodajte u tavu tako da bude oko centimetar iznad riže. Zakuhajte, poklopite poklopcem, smanjite vatru i kuhajte 20 minuta.

kuhana smeđa riža

za 4 osobe

225 g / 8 oz / 1 šalica smeđe riže dugog zrna
5 ml / 1 žličica soli
900 ml / 1 ½ bodova / 3 ¾ šalice vode

Operite rižu i zatim je stavite u tepsiju. Posolite i dodajte vodu tako da bude oko 3 cm iznad riže. Zakuhajte, pokrijte poklopcem koji čvrsto prianja, smanjite vatru i kuhajte 30 minuta, pazeći da ne prokuha dok se ne osuši.

Riža s mesom

za 4 osobe

225 g / 8 oz / 1 šalica riže dugog zrna
100 g / 4 oz mljevenog mesa
1 kriška korijena đumbira, nasjeckana
15 ml / 1 žlica sojinog umaka
15 ml / 1 žlica rižinog vina ili suhog šerija
5 ml / 1 žličica ulja od kikirikija
2,5 ml / ½ žličice šećera
2,5 ml / ½ žličice soli

Stavite rižu u veliki lonac i zakuhajte. Poklopite i kuhajte oko 10 minuta dok većina tekućine ne upije. Ostatak sastojaka pomiješajte, stavite na rižu, poklopite i kuhajte još 20 minuta na laganoj vatri dok ne skuha. Pomiješajte sastojke prije posluživanja.

Riža od pileće jetre

za 4 osobe

225 g / 8 oz / 1 šalica riže dugog zrna
375 ml / 13 tečnih oz / 1 ½ šalice pilećeg temeljca
sol
2 tanko narezane kuhane pileće jetrice

Stavite rižu i juhu u veliki lonac i zakuhajte. Poklopite i kuhajte oko 10 minuta dok riža gotovo ne omekša. Maknite poklopac i nastavite kuhati na laganoj vatri dok većina temeljca ne upije. Posolite po ukusu, dodajte pileća jetrica i lagano zagrijte prije posluživanja.

Riža s piletinom i gljivama

za 4 osobe

225 g / 8 oz / 1 šalica riže dugog zrna
100 g / 4 oz pilećeg mesa, nasjeckanog
100g / 4oz gljiva, narezanih na kockice
5 ml / 1 žličica kukuruznog brašna (kukuruzni škrob)
5 ml / 1 žličica soja umaka
5 ml / 1 žličica rižinog vina ili suhog šerija
prstohvat soli
15 ml / 1 žlica nasjeckanog mladog luka (mladi luk)
15 ml / 1 žlica umaka od kamenica

Stavite rižu u veliki lonac i zakuhajte. Poklopite i kuhajte oko 10 minuta dok većina tekućine ne upije. Pomiješajte sve preostale sastojke osim vlasca i umaka od kamenica, stavite na rižu, poklopite i kuhajte još 20 minuta na laganoj vatri dok potpuno ne bude kuhano. Pomiješajte sastojke i prije posluživanja pospite vlascem i umakom od kamenica.

Kokosova riža

za 4 osobe

225 g / 8 oz / 1 šalica riže s tajlandskim okusom
1 l / 1 ¾ boda / 4 ¼ šalice kokosovog mlijeka
150 ml / ¼ pt / izdašne ½ šalice kokosovog vrhnja
1 vezica nasjeckanog cilantra
prstohvat soli

Sve sastojke prokuhajte u loncu, poklopite i pustite da riža na laganoj vatri bubri oko 25 minuta uz povremeno miješanje.

Riža s mesom rakova

za 4 osobe

225 g / 8 oz / 1 šalica riže dugog zrna
100 g / 4 oz mesa rakova, u pahuljicama
2 kriške nasjeckanog korijena đumbira
15 ml / 1 žlica sojinog umaka
15 ml / 1 žlica rižinog vina ili suhog šerija
5 ml / 1 žličica ulja od kikirikija
5 ml / 1 žličica kukuruznog brašna (kukuruzni škrob)
sol i svježe mljeveni papar

Stavite rižu u veliki lonac i zakuhajte. Poklopite i kuhajte oko 10 minuta dok većina tekućine ne upije. Ostatak sastojaka pomiješajte, stavite na rižu, poklopite i kuhajte još 20 minuta na laganoj vatri dok ne skuha. Pomiješajte sastojke prije posluživanja.

Riža s grahom

za 4 osobe

225 g / 8 oz / 1 šalica riže dugog zrna
350 g / 12 oz graha
30 ml / 2 žlice soja umaka

Stavite rižu i juhu u veliki lonac i zakuhajte. Dodajte grah, poklopite i kuhajte oko 20 minuta dok riža gotovo ne omekša. Maknite poklopac i nastavite kuhati na laganoj vatri dok ne upije veći dio tekućine. Pokrijte i ostavite da odstoji 5 minuta, a zatim poslužite s umakom od soje posipanim po vrhu.

riža s paprom

za 4 osobe

225 g / 8 oz / 1 šalica riže dugog zrna

2 vlasca (mladi luk), nasjeckana

1 crvena paprika, narezana na kockice

45 ml / 3 žlice soja umaka

30 ml / 2 žlice ulja od kikirikija

5 ml / 1 žličica šećera

Stavite rižu u lonac, prelijte hladnom vodom, zakuhajte, poklopite i kuhajte oko 20 minuta dok ne omekša. Dobro ocijedite pa dodajte ljutiku, papar, sojin umak, ulje i šećer. Prebacite u toplu zdjelu i odmah poslužite.

Riža s kuhanim jajetom

za 4 osobe

225 g / 8 oz / 1 šalica riže dugog zrna

4 jaja

15 ml / 1 žlica umaka od kamenica

Stavite rižu u lonac, prelijte hladnom vodom, zakuhajte, poklopite i kuhajte oko 10 minuta dok ne omekša. Ocijedite i stavite na ringlu. U međuvremenu zakuhajte lonac vode, lagano razbijte jaja i kuhajte nekoliko minuta dok se bjelanjci ne stvrdnu, a jaja još uvijek budu mokra. Izvadite iz posude šupljikavom žlicom i stavite preko riže. Poslužite poškropljeno umakom od kamenica.

Riža na singapurski način

za 4 osobe

225 g / 8 oz / 1 šalica riže dugog zrna
5 ml / 1 žličica soli
1,2 l / 2 boda / 5 šalica vode

Operite rižu i stavite je u tavu sa soli i vodom. Zakuhajte, smanjite vatru i kuhajte oko 15 minuta dok riža ne omekša. Ocijedite u cjedilu i isperite vrućom vodom prije posluživanja.

Spora riža za brod

za 4 osobe

225 g / 8 oz / 1 šalica riže dugog zrna

5 ml / 1 žličica soli

15 ml / 1 žlica ulja

750 ml / 1¼ boda / 3 šalice vode

Operite rižu i stavite je u lim za pečenje sa soli, uljem i vodom. Pokrijte i pecite u prethodno zagrijanoj pećnici na 120°C/250°F/plinska oznaka ½ oko 1 sat dok ne upije sva voda.

riža na pari

za 4 osobe

225 g / 8 oz / 1 šalica riže dugog zrna

5 ml / 1 žličica soli

450 ml / ¾ pt / 2 šalice vode

Stavite rižu, sol i vodu u vatrostalnu posudu, poklopite i pecite u prethodno zagrijanoj pećnici na 180°C/350°F/plin 4 oko 30 minuta.

Pržena riža

za 4 osobe

225 g / 8 oz / 1 šalica riže dugog zrna
750 ml / 1¼ boda / 3 šalice vode
30 ml / 2 žlice ulja od kikirikija

1 umućeno jaje
2 češnja češnjaka nasjeckana
prstohvat soli
1 glavica luka sitno nasjeckana
3 vlasca (mladi luk), nasjeckana
2,5 ml / ½ žličice crne melase

Rižu i vodu stavite u lonac, zakuhajte, poklopite i kuhajte oko 20 minuta dok se riža ne skuha. Dobro osušiti. Zagrijte 5 ml / 1 žličicu ulja i ulijte jaje. Kuhajte dok se dno ne stegne, zatim preokrenite i nastavite kuhati dok se ne stegne. Izvadite iz posude i narežite na trakice. U tavu s češnjakom i soli dodajte ostatak ulja i pržite dok češnjak ne porumeni. Dodajte luk i rižu te pržite 2 minute. Dodajte vlasac i pržite 2 minute. Umiješajte crnu melasu dok se riža ne prekrije, zatim dodajte trakice jaja i poslužite.

pržena riža s bademima

za 4 osobe

250 ml / 8 fl oz / 1 šalica ulja od kikirikija (kikiriki ulje).
50 g / 2 oz / ½ šalice badema u lističima
4 razmućena jaja
450 g / 1 lb / 3 šalice kuhane riže dugog zrna
5 ml / 1 žličica soli

3 kriške kuhane šunke narezane na trakice
2 ljutike, sitno nasjeckane
15 ml / 1 žlica sojinog umaka

Zagrijte ulje i pržite bademe dok ne porumene. Izvaditi iz posude i ocijediti na kuhinjskom papiru. Ocijedite veći dio ulja iz tave, zatim ponovno zagrijte i ulijte jaja, neprestano miješajući. Dodajte rižu i sol te kuhajte 5 minuta, podižući i brzo miješajući da se zrna riže oblože jajetom. Dodajte šunku, vlasac i sojin umak i kuhajte još 2 minute. Dodajte veći dio badema i poslužite ukrašeno preostalim bademima.

Pržena riža sa slaninom i jajetom

za 4 osobe

45 ml / 3 žlice kikiriki (kikiriki) ulja
225 g / 8 oz slanine, nasjeckane
1 glavica luka sitno nasjeckana
3 razmućena jaja
225 g/8 oz kuhane riže dugog zrna

Zagrijte ulje i popržite slaninu i luk dok lagano ne porumene. Dodati jaja i pržiti dok gotovo ne budu kuhana. Dodajte rižu i pržite dok se riža ne zagrije.

Pržena riža s mesom

za 4 osobe

225 g / 8 oz nemasne govedine, narezane na trakice
15 ml / 1 žlica kukuruznog brašna (kukuruzni škrob)
15 ml / 1 žlica sojinog umaka
15 ml / 1 žlica rižinog vina ili suhog šerija
5 ml / 1 žličica šećera
75 ml / 5 žlica ulja kikirikija (kikirikija).
1 kosani luk
450 g / 1 lb / 3 šalice kuhane riže dugog zrna
45 ml / 3 žlice pileće juhe

Pomiješajte meso s kukuruznim škrobom, soja umakom, vinom ili šerijem i šećerom. Zagrijte pola ulja i pržite luk dok ne postane proziran. Dodajte meso i pržite 2 minute. Izvadite iz hladnjaka. Zagrijte preostalo ulje, dodajte rižu i pržite 2 minute. Dodajte temeljac i zagrijte. Dodajte polovicu mješavine mesa i luka i miješajte dok se ne zagrije, zatim premjestite na topli tanjur i nadjenite preostalim mesom i lukom.

Pržena riža s mljevenim mesom

za 4 osobe

30 ml / 2 žlice ulja od kikirikija
1 protisnuti češanj češnjaka
prstohvat soli
30 ml / 2 žlice soja umaka
30 ml / 2 žlice hoisin umaka
450 g / 1 funta mljevenog mesa
1 kosani luk
1 mrkva narezana na kockice
1 poriluk narezan na kockice
450 g/lb kuhane riže dugog zrna

Zagrijte ulje i popržite češnjak i sol dok lagano ne porumene. Dodajte umake od soje i hoisin i miješajte dok se ne sjedine. Dodajte meso i pržite dok ne postane hrskavo i smeđe. Dodajte povrće i pržite dok ne omekša uz stalno miješanje. Dodajte rižu i pržite uz stalno miješanje dok se jako ne zagrije i prelije umacima.

Pržena riža s mesom i lukom

za 4 osobe

1 funta / 450 g nemasne govedine, tanko narezane
45 ml / 3 žlice soja umaka
15 ml / 1 žlica rižinog vina ili suhog šerija
sol i svježe mljeveni papar
15 ml / 1 žlica kukuruznog brašna (kukuruzni škrob)
45 ml / 3 žlice kikiriki (kikiriki) ulja
1 kosani luk
225 g/8 oz kuhane riže dugog zrna

Marinirajte meso u sojinom umaku, vinu ili šeriju, soli, papru i kukuruznoj krupici 15 minuta. Zagrijte ulje i popržite luk da svijetlo smeđe. Dodajte meso i marinadu te pržite 3 minute. Dodajte rižu i pržite dok se jako ne zagrije.

piletina sa rižom

za 4 osobe

225 g / 8 oz / 1 šalica riže dugog zrna
750 ml / 1 ¼ boda / 3 šalice vode
30 ml / 2 žlice ulja od kikirikija
2 češnja češnjaka nasjeckana
prstohvat soli
1 glavica luka sitno nasjeckana
3 vlasca (mladi luk), nasjeckana
100 g / 4 oz kuhane piletine, nasjeckane
15 ml / 1 žlica sojinog umaka

Rižu i vodu stavite u lonac, zakuhajte, poklopite i kuhajte oko 20 minuta dok se riža ne skuha. Dobro osušiti. Zagrijte ulje i pržite češnjak i sol dok češnjak ne porumeni. Dodajte luk i pržite 1 minutu. Dodajte rižu i pržite 2 minute. Dodajte vlasac i piletinu te pržite 2 minute. Dodajte soja umak da prekrije rižu.

Patka pržena riža

za 4 osobe

4 sušene kineske gljive
45 ml / 3 žlice kikiriki (kikiriki) ulja
2 vlasca (mladi luk), narezana na ploške
225 g / 8 oz bok choya, nasjeckanog
100g/4oz kuhane patke, nasjeckane
45 ml / 3 žlice soja umaka
15 ml / 1 žlica rižinog vina ili suhog šerija
350 g / 12 oz kuhane riže dugog zrna
45 ml / 3 žlice pileće juhe

Gljive namočite u toploj vodi 30 minuta, zatim ocijedite. Odbacite peteljke i nasjeckajte vrhove. Zagrijte pola ulja i popržite mladi luk dok ne postane proziran. Dodajte bok choy i pržite 1 minutu. Dodajte patku, sojin umak i vino ili šeri i pržite 3 minute. Izvadite iz hladnjaka. Zagrijte preostalo ulje i pržite rižu dok ne bude prekrivena uljem. Dodajte temeljac, zakuhajte i pržite 2 minute. Vratite smjesu za patku u tavu i miješajte dok se ne zagrije prije posluživanja.

šunka riža

za 4 osobe

30 ml / 2 žlice ulja od kikirikija
1 umućeno jaje
1 protisnuti češanj češnjaka
350 g / 12 oz kuhane riže dugog zrna
1 glavica luka sitno nasjeckana
1 nasjeckana zelena paprika
100 g nasjeckane šunke
50 g / 2 oz vodenih kestena, narezanih
50 g bambusovih mladica, nasjeckanih
15 ml / 1 žlica sojinog umaka
15 ml / 1 žlica rižinog vina ili suhog šerija
15 ml / 1 žlica umaka od kamenica

Zagrijte malo ulja u tavi i dodajte jaje, naginjući tavu da se rasporedi po tavi. Pecite dok dno ne postane lagano zlatno, zatim okrenite i pecite drugu stranu. Izvadite iz tave i nasjeckajte i popržite češnjak dok ne postane svijetlo smeđi. Dodajte rižu, luk i papriku te pržite 3 minute. Dodajte šunku, kestene i mladice bambusa i pržite 5 minuta. Dodajte ostale sastojke i pržite oko 4 minute. Poslužite trakice jaja posute preko.

Riža sa šunkom i temeljcem

za 4 osobe

30 ml / 2 žlice ulja od kikirikija
3 razmućena jaja
350 g / 12 oz kuhane riže dugog zrna
600 ml / 1 pt / 2½ šalice pilećeg temeljca
100 g / 4 oz dimljene šunke, izmrvljene
100g / 4oz mladica bambusa, narezanih

Zagrijte ulje pa ulijte jaja. Kad se počnu pržiti dodajte rižu i pržite 2 minute. Dodajte juhu i šunku i prokuhajte. Kuhajte 2 minute, dodajte mladice bambusa i poslužite.

svinjska pržena riža

za 4 osobe

45 ml / 3 žlice kikiriki (kikiriki) ulja

3 vlasca (mladi luk), nasjeckana

100 g / 4 oz pečene svinjetine, narezane na kockice

350 g / 12 oz kuhane riže dugog zrna

30 ml / 2 žlice soja umaka

2,5 ml / ½ žličice soli

2 razmućena jaja

Zagrijte ulje i pržite mladi luk dok ne postane proziran. Dodajte svinjetinu i miješajte dok se ne prekrije uljem. Dodajte rižu, sojin umak i sol te pržite 3 minute. Dodajte jaja i miješajte dok se ne počnu stvrdnjavati.

Pržena riža sa svinjetinom i škampima

za 4 osobe

45 ml / 3 žlice kikiriki (kikiriki) ulja

2,5 ml / ½ žličice soli

2 vlasca (mladi luk), nasjeckana

350 g / 12 oz kuhane riže dugog zrna

100 g / 4 oz pečene svinjetine

225 g / 8 oz oguljenih škampa

50 g / 2 oz kineskih listova, natrganih

45 ml / 3 žlice soja umaka

Zagrijte ulje i popržite sol i vlasac dok lagano ne porumene. Dodajte rižu i pržite da se zrna razbiju. Dodajte svinjetinu i pržite 2 minute. Dodajte kozice, kineske listove i sojin umak i pržite dok se ne zagriju.

Pržena riža sa škampima

za 4 osobe

225 g / 8 oz / 1 šalica riže dugog zrna
750 ml / 1¼ boda / 3 šalice vode
30 ml / 2 žlice ulja od kikirikija
2 češnja češnjaka nasjeckana
prstohvat soli
1 glavica luka sitno nasjeckana
225 g / 8 oz oguljenih škampa
5 ml / 1 žličica soja umaka

Rižu i vodu stavite u lonac, zakuhajte, poklopite i kuhajte oko 20 minuta dok se riža ne skuha. Dobro osušiti. Zagrijte ulje s češnjakom i soli te pržite dok češnjak lagano ne porumeni. Dodajte rižu i luk te pržite 2 minute. Dodajte škampe i pržite 2 minute. Prije posluživanja dodajte soja umak.

pržena riža i grah

za 4 osobe

30 ml / 2 žlice ulja od kikirikija
2 češnja češnjaka nasjeckana
5 ml / 1 žličica soli
350 g / 12 oz kuhane riže dugog zrna
225g / 8oz smrznutog ili kuhanog graha, odmrznutog
4 vlasca (mladi luk), sitno nasjeckana
30 ml / 2 žlice nasjeckanog svježeg peršina

Zagrijte ulje i popržite češnjak i sol dok lagano ne porumene. Dodajte rižu i pržite 2 minute. Dodajte mahune, luk i peršin i pržite nekoliko minuta dok ne zakuhaju. Poslužite toplo ili hladno.

Riža pržena sa lososom

za 4 osobe

30 ml / 2 žlice ulja od kikirikija
2 nasjeckana češnja češnjaka
2 vlasca (mladi luk), narezana na ploške
50 g / 2 oz nasjeckanog lososa
75 g / 3 oz nasjeckanog špinata
150g/5oz kuhane riže dugog zrna

Zagrijte ulje i pržite češnjak i vlasac 30 sekundi. Dodajte losos i pržite 1 minutu. Dodajte špinat i pržite 1 minutu. Dodajte rižu i pržite dok se ne zagrije i dobro izmiješa.

Posebna pržena riža

za 4 osobe

60 ml / 4 žlice ulja od kikirikija
1 glavica luka sitno nasjeckana
100g/4oz slanine, nasjeckane
50 g nasjeckane šunke
50 g/2 oz kuhane piletine, nasjeckane
50 g / 2 oz oguljenih škampa
60 ml / 4 žlice soja umaka
30 ml / 2 žlice rižinog vina ili suhog šerija
sol i svježe mljeveni papar
15 ml / 1 žlica kukuruznog brašna (kukuruzni škrob)
225 g/8 oz kuhane riže dugog zrna
2 razmućena jaja
100g / 4oz šampinjona, narezanih
50 g / 2 oz smrznutog graška

Zagrijte ulje i popržite luk i slaninu dok lagano ne porumene. Dodajte šunku i piletinu te pržite 2 minute. Dodajte škampe, sojin umak, vino ili sherry, sol, papar i kukuruzni škrob te pržite 2 minute. Dodajte rižu i pržite 2 minute. Dodajte jaja, gljive i mahune te pržite 2 minute dok se jako ne zagriju.

Deset dragocjenih riža

Poslužuje 6 do 8

45 ml / 3 žlice kikiriki (kikiriki) ulja

1 vlasac (luk), nasjeckan

100g/4oz nemasne svinjetine, nasjeckane

1 pileća prsa, nasjeckana

100 g / 4 oz šunke, izmrvljene

30 ml / 2 žlice soja umaka

30 ml / 2 žlice rižinog vina ili suhog šerija

5 ml / 1 žličica soli

350 g / 12 oz kuhane riže dugog zrna

250 ml / 8 tečnih oz / 1 šalica pilećeg temeljca

100 g izdanaka bambusa, narezanih na trakice

50 g / 2 oz vodenih kestena, narezanih

Zagrijte ulje i pržite luk dok ne postane proziran. Dodajte svinjetinu i pržite 2 minute. Dodajte piletinu i šunku i pržite 2 minute. Dodajte soja umak, šeri i sol. Dodajte rižu i juhu i prokuhajte. Dodajte mladice bambusa i vodene kestene, poklopite i kuhajte 30 minuta.

Pržena riža od tune

za 4 osobe

30 ml / 2 žlice ulja od kikirikija

2 narezana luka

1 nasjeckana zelena paprika

450 g / 1 lb / 3 šalice kuhane riže dugog zrna

sol

3 razmućena jaja

300 g / 12 oz konzervirane tunjevine, u lističima

30 ml / 2 žlice soja umaka

2 ljutike, sitno nasjeckane

Zagrijte ulje i pržite luk dok ne omekša. Dodajte papar i pržite 1 minutu. Pritisnite s jedne strane posude. Dodajte rižu, pospite solju i pržite 2 minute uz postupno miješanje paprike i luka. U sredini riže napravite udubinu, ulijte još malo ulja i ulijte jaja. Miješajte dok se gotovo ne sjedini i pomiješajte s rižom. Kuhajte još 3 minute. Dodajte tunu i soja umak i zagrijte. Poslužite posuto nasjeckanom ljutikom.

rezanci od kuhanih jaja

za 4 osobe

10 ml / 2 žličice soli
450 g / 1 funta rezanaca s jajima
30 ml / 2 žlice ulja od kikirikija

Zakuhajte vodu, posolite i dodajte tjesteninu. Ponovno pustite da zavrije i kuhajte oko 10 minuta dok ne omekša, ali još uvijek bude čvrst. Dobro ocijedite, isperite hladnom vodom, ocijedite pa isperite vrućom vodom. Prije posluživanja pokapajte uljem.

rezanci od jaja kuhani na pari

za 4 osobe

10 ml / 2 žličice soli

450 g / 1 funta tankih rezanaca od jaja

Zakuhajte vodu, posolite i dodajte tjesteninu. Dobro promiješajte i zatim ocijedite. Rezance stavite u cjedilo, stavite u parnu kupelj i kuhajte u kipućoj vodi oko 20 minuta dok ne omekšaju.

prepečeni rezanci

za 8 porcija

10 ml / 2 žličice soli
450 g / 1 funta rezanaca s jajima
30 ml / 2 žlice ulja od kikirikija
posuda za pečenje

Zakuhajte vodu, posolite i dodajte tjesteninu. Ponovno pustite da zavrije i kuhajte oko 10 minuta dok ne omekša, ali još uvijek bude čvrst. Dobro ocijedite, isperite hladnom vodom, ocijedite pa isperite vrućom vodom. Sjedinite sa uljem, pa lagano izmiješajte bilo kojim mikserom i lagano zagrijte da se okusi prožmu.

prženi rezanci

za 4 osobe

225 g/8 oz tanki rezanci od jaja

sol

ulje za prženje

Skuhajte tjesteninu u kipućoj slanoj vodi prema uputama na pakiranju. Dobro osušiti. Na lim za pečenje stavite nekoliko slojeva kuhinjskog papira, po njemu rasporedite rezance i ostavite da se suše nekoliko sati. Zagrijte ulje i pecite rezance po žličnjake oko 30 sekundi dok ne porumene. Ocijediti na papirnatim ubrusima.

Prženi mekani rezanci

za 4 osobe

350 g rezanaca od jaja
75 ml / 5 žlica ulja kikirikija (kikirikija).
sol

Zakuhajte lonac vode, dodajte rezance i pustite da kuha dok rezanci ne omekšaju. Ocijedite i isperite hladnom vodom, zatim vrućom vodom i opet ocijedite. Dodajte 15 ml/1 žličicu ulja, ostavite da se ohladi i ohladite. Zagrijte preostalo ulje dok se gotovo ne zadimi. Dodajte rezance i lagano miješajte dok se ne prekriju uljem. Smanjite vatru i nastavite miješati nekoliko minuta dok rezanci ne postanu zlatni izvana, ali mekani iznutra.

prženi rezanci

za 4 osobe

450 g / 1 funta rezanaca s jajima
5 ml / 1 žličica soli
30 ml / 2 žlice ulja od kikirikija
3 mlada luka (posuda), narezana na trakice
1 protisnuti češanj češnjaka
2 kriške nasjeckanog korijena đumbira
100 g nemasne svinjetine, narezane na trakice
100 g šunke narezane na trakice
100 g / 4 oz oguljenih škampa
450 ml / ¬œpt / 2 šalice pilećeg temeljca
30 ml / 2 žlice soja umaka

Zakuhajte vodu, posolite i dodajte tjesteninu. Ponovno zakuhajte i kuhajte oko 5 minuta, zatim ocijedite i isperite hladnom vodom.

U međuvremenu zagrijte ulje i popržite luk, češnjak i đumbir dok lagano ne porumene. Dodajte svinjetinu i pržite dok ne dobije svijetlu boju. Dodajte šunku i kozice te dodajte temeljac, sojin umak i tjesteninu. Zakuhajte, poklopite i kuhajte 10 minuta.

hladni rezanci

za 4 osobe

450 g / 1 funta rezanaca s jajima
5 ml / 1 žličica soli
15 ml / 1 žlica ulja od kikirikija
225 g klica graha
225 g / 8 oz pečene svinjetine, nasjeckane
1 krastavac narezan na trakice
12 rotkvica narezanih na trakice

Zakuhajte vodu, posolite i dodajte tjesteninu. Ponovno pustite da zavrije i kuhajte oko 10 minuta dok ne omekša, ali još uvijek bude čvrst. Dobro ocijedite, isperite hladnom vodom i ponovno ocijedite. Prelijte uljem i stavite na tanjur za posluživanje. Ostale sastojke poredajte na tanjuriće oko jufki. Posjetitelji nude izbor sastojaka u malim zdjelicama.

košarice za rezance

za 4 osobe

225 g/8 oz tanki rezanci od jaja

sol

ulje za prženje

Skuhajte tjesteninu u kipućoj slanoj vodi prema uputama na pakiranju. Dobro osušiti. Na lim za pečenje stavite nekoliko slojeva kuhinjskog papira, po njemu rasporedite rezance i ostavite da se suše nekoliko sati. Premažite unutrašnjost srednjeg sita s malo ulja. U sito rasporedite ravnomjeran sloj rezanaca debljine oko 1 cm/¬Ω. Vanjski dio manjeg sita premažite uljem i lagano utisnite u veći. Zagrijte ulje, stavite dva filtera u ulje i pržite oko 1 minutu dok rezanci ne porumene. Pažljivo uklonite filtre, prolazeći nožem po rubovima rezanaca ako je potrebno da ih olabavite.

palačinka od makarona

za 4 osobe

225 g rezanaca od jaja
5 ml / 1 žličica soli
75 ml / 5 žlica ulja kikirikija (kikirikija).

Zakuhajte vodu, posolite i dodajte tjesteninu. Ponovno pustite da zavrije i kuhajte oko 10 minuta dok ne omekša, ali još uvijek bude čvrst. Dobro ocijedite, isperite hladnom vodom, ocijedite pa isperite vrućom vodom. Pomiješajte sa 15 ml / 1 žlica ulja. Zagrijte preostalo ulje. Dodajte rezance u tavu da napravite deblju palačinku. Pržite dok lagano ne porumene na dnu, zatim okrenite i pržite dok lagano ne porumene, ali mekani u sredini.

www.ingramcontent.com/pod-product-compliance
Lightning Source LLC
Chambersburg PA
CBHW050350120526
44590CB00015B/1637